KB066411

# 오늘도 일이 즐거운
# 92세 총무과장

# 오늘도 일이 즐거운
# 92세
# 총무과장

66년째 한 회사,
기네스북에 등재된
세계 최고령 총무과장

다마키 야스코 지음 　　　　박재영 옮김 　　　　센시오

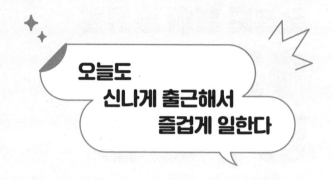

기네스북에 이름을 올린, 세계 최고령 총무부 직원

1930년에 오사카에서 태어나 올해로 아흔둘이 되었어요. 이 나이에도 아침 9시면 회사 책상에 앉아 있답니다. 그리고 일이 끝나는 오후 5시 30분, 책상을 정리하고 집으로 돌아갑니다. 우리 회사는 산코산업 Sunco Industry이라고 주로 나사를 취급하고 있어요. 여기서 나는 총무부 과장이죠. 경리 사무와 종합적 품질관리 사무국을 운영하고 있어요.

회사에서는 나 보고 백 세까지 일해달라고 하는데 나

도 몸만 따라준다면 그러고 싶어요. 아, 벌써 산코에서만 66년을 일한 셈이네요. 세월이 참 빨라요.

그동안 참 많은 일이 있었어요. 글쎄 재재작년에는 기네스북에 이름을 올렸다니까요. '세상에서 최고로 나이가 많은 총무부 직원'이라는 타이틀이죠. 좀 신기하고, 기분도 좋고, 어쩐지 내 인생이 보람되게 느껴졌어요. 물론 내가 특별해서가 아니라 누구나 다 그럴 수 있다고 생각해요. 그냥 하루하루 열심히 살고, 사람들을 마음으로 대하고, 회사와 함께 자란다는 생각으로 오늘까지 지낸 덕분인거 같아요.

지금도 신입 사원 연수에서 기본적인 강의를 하고 있어요. 산코의 창업자 오쿠야마 고타로 회장님을 비롯해, 지금의 오쿠야마 야스히로 회장님과 오쿠야마 요시히데 사장님을 모두 겪어 보았죠. 말하자면 3대를 모셨달까요. 지내온 세월만큼 회사의 이모저모를 알아서인지, 이야기꾼으로 회사가 걸어온 길을 말할 기회가 많았어요. 진짜 재미난 건 지금 회장님보다 내가 열한 살이나 많고 근속 연수도 더 길어서 나만 아는 비밀도 있답니다.

나는 이 책에서 66년 동안 자연스럽게 터득한 일을 대하는 자세, 실수를 줄이고 업무에 균형을 이루는 법, 선배와 후배 사이에 예절을 이야기하고 싶어요. 혹시 회사에서 어려움이 있다면 이 책이 조금이라도 도움이 되길 바랍니다.

자, 이제 내 경력을 좀 말해볼게요.

꽃 같던 스물다섯 살, 1956년 산코산업에 입사했어요. 아마 여러분 대부분이 태어나기 전이겠죠. 당시 회사명은 '산코뵤라 三興鋲螺 주식회사'였습니다. 뵤라는 일본어로 '나사'를 뜻해요. 1946년 창업자 오쿠야마 고타로 회장님이 '나무 나사 전문 도매상'으로 창업한 회사죠. 산코란 '사원과 고객이 만족하고 사회에도 공헌한다'는 철학을 담고 있어요.

사실 지금 다니는 회사는 세 번째 직장이에요. 이곳에 입사하기까지는 우여곡절이 좀 있었지요. 내가 살았던 시절처럼요. 처음부터 이야기를 해볼게요.

아버지가 갑자기 쉰여섯의 젊은 나이로 돌아가셨어요. 아버지는 지금 골판지로 유명한 렌고 주식회사의 전신인

렌고시키 주식회사에서 일하다가 정년을 맞이했는데요. 몸이 허약한 아버지가 쉬지 않고 일한 게 무리가 되었던 거 같아요. 회사를 그만둔 해에 세상을 떠나셨죠.

당시 열다섯 살인 내 밑으로는 열두 살짜리 여동생에 여덟 살, 다섯 살 남동생 둘이 있었어요. 당시 서른아홉이었던 어머니는 친정에서 곱게 자랐고 몸도 약하셔서 생활을 책임지기가 곤란한 상황이었어요. 그래서 아버지를 대신해서 내가 일하지 않으면 우리 식구는 길거리에 나앉을 판이었지요. 돌아보면 사실 그때 느꼈던 의무감이 지금까지 내가 일하는 원동력이 된 거 같아요.

그렇게 오사카의 상업고등학교를 졸업하자마자 취업 전선에 뛰어들었고, 첫 직장은 학교 추천으로 입사한 생명보험 회사였습니다. 총무부에서 근무했는데 이런저런 사정으로 3년 만에 그만두었어요. 그다음에는 방적 회사에 근무했는데 그곳에서는 노무와 관련된 업무를 담당했어요. 하지만 다른 회사와 합병하며 회사가 오사카에서 미에 현으로 이전했고, 나는 어린 동생들도 돌보아야 해서 오사카를 떠날 수 없었어요. 결국 퇴사할 수밖에 없었죠. 다행히도 그 후 사촌 언니의 소개로 지금의 산코산업에 입사하게 되었습니다.

## 당장 관두고 싶던 회사에서 66년 근속

이 회사에서 66년을 근속했어요. 저도 믿어지지가 않아요. 처음에는 이렇게까지 오랫동안 다니게 될 줄 몰랐죠. 솔직히 입사하자마자 관두고 싶었어요. 입사했을 때 사원은 열 명 정도라서, 작은 회사 총무를 생각하고 들어왔죠. 하지만 회사의 온갖 잡일을 다 해야 한다는 것을 깨닫는 데는 며칠 걸리지 않았어요. 영업 지원뿐만 아니라 점심시간이 되면 사원들 먹을 빵이나 도시락을 사러 다니고, 심지어 기숙사에서 생활하는 사원의 식사를 만들기도 했어요.

일도 생각한 거랑 많이 다르고 육체적으로도 너무 힘들어서, 일주일가량 회사에 나가질 않았어요. 그랬더니 회사를 소개해 준 사촌 언니가 득달같이 달려와 "넌 일을 뭐로 보는 거야? 도대체 네가 할 줄 아는 게 뭐가 있는데!"라며 엄청나게 혼냈어요. 따끔하게 혼나고 나니 정신이 번쩍 들더군요. '그래! 뭐 하나 시원스럽게 해결하지도 못하는 주제에 주어진 일을 중간에 내팽개치다니 당치도 않지. 월급

오늘도 일이 즐거운
92세 총무과장

8 _____

을 받고 있으니 먼저 주어진 일이나 착실히 해봐야겠다'라고 생각을 고쳐먹고 마음을 다잡았습니다.

신입 사원 시절의 생각 없던 철부지가 그렇게 66년을 회사와 함께 한 거죠.

내가 지금까지 일할 수 있었던 가장 큰 이유는 근무하는 회사가 망하지 않았기 때문이에요. 물론 없어지지 않고 그 자리에 있음에 무한한 감사를 느낍니다. 창업한 지 얼마 지나지 않았을 무렵 대부분 회사가 으레 그렇듯 경영 위기가 여러 번 있었지요. 당시 사장님이 돌아가시기 전 그 시절에 대해 물어본 적이 있어요. "무조건 버틴 거지. 회사를 절대로 망하게 하면 안 되니까. 회사는 내 것만이 아니잖아."라고 하신 말씀을 잊을 수가 없습니다.

회사는 사원과 그 가족들의 것이며 고객과 거래처와 함께 번창합니다. 그래서 창업자는 사원과 그 가족, 고객과 거래처를 소중히 여기며 감사해야겠지요. 그런 자세를 바로 옆에서 보며 일해온 나도 좋은 걸 배웠답니다.

내가 건강하게 일할 수 있는 것은 가족을 포함한 주위 사람들 덕택이고, 그 은혜에 고마워하며 어떤 형태로든 보답해서 누군가에 도움이 되기 위해 일할 생각입니다. 얼마나 남았을지는 하늘만 알겠지만 말이죠.

내가 전표 한 장을 마감해서 가져가도 "감사합니다. 덕분에 살았어요."라는 감사의 마음을 전달받습니다. 굳이 말이 아니어도 행동과 표정으로도 마음이 다가옵니다. 그러면 "저도 누군가에게 도움이 되는군요. 저야말로 고마워요."라는 감사의 마음을 온몸으로 전합니다.

## 언제나 호기심을 자극한다

기후 변화 연구로 2021년 노벨 물리학상을 받은 마나베 슈쿠로 박사가 이런 말을 했어요. "가장 재미있는 연구는 호기심이 만든 연구다." 나도 비슷한 말을 마음속에 새기고 살고 있습니다. "언제까지나 호기심을 잃지 말자."

회사 업무에서도 호기심이 중요한 거 같아요. 어떤 일이든 호기심이 생기면 자신만의 아이디어로 이리저리 빨리 해보고 싶은 마음이 동하기 마련이거든요. 그러다 보면 일상적인 업무에서도 꽤나 즐거움을 느낄 수도 있고요.

'내일은 이런 방법으로 시도해야지'라는 마음이 생기면 내일이 무척 기다려지기까지 하죠. 나는 그랬거든요.

맙소사! 벌써 40년쯤 되었네요. 우리 회사에 처음 컴퓨터가 들어온 날이요. 1981년에 회사에서 컴퓨터를 처음 구입했을 때가 내 나이 쉰한 살이었어요. 내가 담당한 경리사무는 그때까지 수기로 장부를 작성했어요. 그 때문에 옮겨 써야 하는 번거로움이 있었고 무엇보다도 합산 오차가 자주 발생했어요. 컴퓨터를 활용하면 그런 실수를 줄일 수 있다기에 이것저것 따질 게 없었어요. '이보다 더 좋은 건 없다!'는 기대감 섞인 호기심이 발동했죠. 그래서 컴퓨터가 들어온 날 갖고 싶던 예쁜 꽃신을 안은 어린아이처럼 컴퓨터를 만지고 누르고 하던 내 모습이 아직도 기억에 생생합니다.

더불어 1983년부터 기업들은 종합적 품질관리가 도입하기 시작했어요. 이른바 TQC<sup>Total Quality Control</sup>죠. 그런데 사실 나는 예전부터 1인 TQC 활동을 계속해 온 것이나 다름없었어요. 호기심에 이끌려 업무의 질을 높이기 위해 끊임없이 이런저런 궁리를 해왔으니 말입니다. 그저 호기심으로 해본 많은 고민들이 TQC 안에 그대로 녹아있는 것을 발견했을 때의 기쁨이란! 참 뭐라 말로 설명하기 어렵지만, 황홀했어요. 이처럼 호기심은 일뿐만 아니라 결국

나 자신도 높여줍니다.

　오늘날 사회는 가치관이 여러 면에서 다양해지고 있어요. 일하는 목적, 일에 임하는 자세, 일을 진행하는 방법도 사람마다 다르지요. 나는 사실 좀 특이하게, 즐겁게, 오랫동안 일하고 있다는 것이 전부일지도 몰라요. 더구나 세대가 다른 내가 하는 말이 꼰대처럼 느껴질까 걱정도 된답니다. 하지만 용기를 냅니다. 미약한 내 경험과 생각이 세상의 모든 고단한 직장인들에게 아주 조금이나마 참고가 될 수 있으리라는 호기심과 용기로 이 글을 보냅니다.

　하루가 조금 더 뿌듯하고 평안해지기를, 그리하여 내일을 조금 더 반갑게 맞이할 수 있기를 마음으로 바랍니다.

오늘도 일이 즐거운
92세 총무과장

목차

## 1장 | 총무과장 할머니 '오늘도 맑음'이시네요

★ ★ ★

## 2장 | 슬기로운 회사 생활, 야스코 할머니에게 물어봐

★ ★ ★

# 5장 | 해봐, 해봐야 알 수 있어

★ ★ ★

## 6장 | 오늘도 사람을 배우고 돕는다

# 1장

# 총무과장 할머니
# '오늘도 맑음'
# 이시네요

# 오늘 열심히 하면
# 내일도 잘할 수 있다

기네스북에 이름을 올릴 때 나는 인정식이 있는 줄 몰랐어요. 살 만큼 살아봤지만 나도 기네스북은 처음이었거든요. 어느 날 회사에서 인정식이라며 갑자기 부산을 떨며 소감을 말하라기에 깜짝 놀랐었죠. 아무 생각 없이 있다가 툭 하니 나도 모르게 적소위대積小爲大라는 말이 튀어나왔어요. '작은 노력을 거듭하면 큰 성과를 얻을 수 있다'라는 뜻이에요.

아흔둘인 지금까지 일할 수 있는 이유는 날마다 거듭된 하루하루를 꾸준히 맞이한 결과라고 말하고 싶었던 거 같아요. 세상에 처음부터 아흔이 넘을 때까지 일하겠다며 시작하는 사람이 누가 있겠어요. 나도 마찬가지였죠. 그저 오랫동안 지켜온 원칙이 지금의 나를 있게 해준 거 같아요. 그 원칙은 바로 '오늘 열심히 하면 내일도 잘할 수 있다'랍니다.

50년 정도, 매일 아침 30분씩 꾸준히 요가를 하고 있어요. 요가를 할 때는 명상도 함께 하는데, 명상을 통해 매일 지금 이 시간을 살아가는 것에 집중합니다. 내일이 어떻게 될지 생각하기 전에 일단 오늘에 전념하는 것이지요. 그러면 하루를 잘 살아낼 수 있어요.

자고 일어나면 또 새로운 날이 시작될 거예요. 새로운 하루의 시작이죠. 나는 오늘이 어제의 연속이라고 생각하지 않아요. 아침에 일어난 순간 '더 자고 싶어, 좀 더 잘까? 옷을 갈아입고 회사에 가는 게 힘들다'라고 생각하는 사람은 아직 어제가 끝나지 않은 걸지도 몰라요. 그러니까 오늘이 새롭게 시작되었음을 제대로 느끼지 못하는 거겠죠. 어제 실수를 했어도 오늘까지 이어서 걱정해 봤자 소용이 없어요. 지나간 일은 그저 과거일 뿐입니다. 어제 일은 잊

오늘도 일이 즐거운
92세 총무과장

고 다시 오늘은 오늘 일을 하면 돼요. 새로운 마음으로 앞을 향해서 걸어갑시다. 이제 오늘이 된 내일을 열심히 살아가는 거예요!

오늘 열심히 하면 내일도 잘할 수 있다고 생각하는 또다른 이유가 있어요. 사람은 아무리 나이가 들어도 계속 자랄 수 있다고 믿기 때문이에요. 대부분 내 말이 믿기지 않겠지만 이건 진짜예요. 아기가 엄마 배에 자리 잡을 때부터 날마다 쑥쑥 자랍니다. 세상에 태어난 후에도 성장은 멈추지 않지요. 뒤집기를 하고 기어가다가 마침내 붙잡고 서며 자기 다리로 일어나 걷기 시작하죠. 아무리 나이가 들어도 성장은 결코 멈추지 않아요. 정신적인 것을 말하는 게 아니에요. 오래된 근육도 단련하면 나이에 상관없이 성장합니다.

회사원의 성장도 마찬가지죠. 막 회사에 들어갔을 때는 아무것도 모르는 상태일 거예요. 그러나 날마다 노력하여 경험과 기술을 쌓으면 어느덧 자신의 기량이 눈에 띄게 성장한 것을 발견할 거예요. 아기처럼 급성장하는 것은 아니지만, 업무 면에서는 나날이 진전을 보이며 성장하죠. 수치나 성적을 떠나 본인 스스로 느낄 수 있게 됩니다.

나는 92년 동안 지금도 어제보다 오늘, 오늘보다 내일이 조금은 성장한다고 믿습니다. 하루하루 성장하는 것을 확인해 보세요. 하루를 사는 즐거움이 배가 될 거예요.

# 할머니 총무과장이 출근해서
# 가장 먼저 하는 일

특별하지 않은 평범하고 일상적인 일을 철저히 해내는 것은 매우 중요하다고 생각해요. 그저 매일하는 일이기에 중요하다고 생각하지 못하고 그냥 지나치는 경우가 많지만요. 하지만 우리는 일상에서 뭐든지 철저하고 깔끔하게 처리하는 습관을 들여보세요.

하루 이틀 철저히 처리했다고 일에 큰 변화가 일어나진 않겠죠? 하지만 1년, 2년씩 꾸준히 철저하면 이야기가 달라지죠. 계속하면 힘이 된대요. 우리의 작은 노력이 큰 성과로 이어지도록 꾸준히 해봅시다.

인사하기, 시간 지키기, 옷 단정히 입기 등 철저히 할 수 있는 일은 생각보다 많아요. 찾아보면 널리고 널렸어요. 철저히 밥 먹기, 철저히 화장실 가기, 철저히 문서 작성하기…….

이쯤에서 철저해야 하는 일을 대략 다섯 가지로 정리해 봤어요. 바로 정리, 정돈, 청소, 청결, 예의범절이에요. 그중에서도 나는 청소가 가장 중요한 것 같아요. 청소를 해야 정리 정돈도 할 수 있으니까요. 회사 책상을 청소해서 정리 정돈하고 나면, 컴퓨터에 저장해 놓은 불필요한 파일이나 소프트웨어도 휴지통에 넣어서 삭제합니다. 책상이든 컴퓨터든 필요한 것이 어디에 있는지 한눈에 알아보기 쉬워지면 업무 효율도 자동적으로 올라가지 않을까요?

책상이나 컴퓨터의 상태는 사용하는 사람의 머릿속에 영향을 준대요. 정리 정돈을 다하고 나면 머릿속도 정리 정돈되어 상황 파악과 문제 해결을 쉽게 해주죠. 지금 회장님이 예전에 사장님이던 시절 입버릇처럼 하던 말이 있어요. "빠른 배송도 중요하지만, 빠른 답변이 가장 중요하다." 그런 점에서 정리 정돈의 전제 조건인 청소를 확실히 해두면 무엇이든 즉시 답할 수도 있어요. 상사나 선배, 거래처에서 갑작스러운 요청이 들어와도 당황하지 않고 응대할 수 있고, 고객이 전화나 메일로 보낸 문의에도 그 자리에서 척척 대답할 수 있지요.

또한 청결한 사무실은 일하기에 쾌적하고 사원의 업무 의욕을 자극합니다. 그래서 나는 신입 시절부터 지금까지 아침에 출근하면 가장 먼저 하는 일을 청소로 정해두었어요. 내 책상 주변뿐만 아니라 회의실이나 화장실 등 공유 공간도 청소하곤 하죠.

일본 학교에서는 아직도 교육의 일환으로 아이들이 직접 교실과 복도, 화장실을 청소합니다. 반면에 외국 학교에서는 청소를 전문 업체에 맡기는 편이라서 외국인들은 아이들이 청소하는 모습을 이상하게 보는 듯해요. 마찬가지로 사무실 청소도 전문 업체가 담당하는 회사가 대부분일 겁니다. 그러나 우리 회사에서는 특별한 장소를 제외하고는 사원이 직접 청소하고 있어요. 내가 입사했을 때부터 변함없는 방침이고 장점이 많은 정책이라고 생각합니다.

나는 회사를 잘 아는 터줏대감으로서 신입 사원 연수도 담당하고 있는데요. 그 자리에서 기회가 될 때마다 모든 일은 철저히 하고, 청소는 중요하다고 말하고 있어요. 얼마 전 아직 1년 차인 신입 사원이 아침에 화장실 세면대를 사용한 다음에 사방으로 튄 물을 휴지로 깨끗하게 닦는 흐뭇한 장면을 목격했어요. "좋은 아침이에요. 어머, 깨끗하게 닦았네요. 고마워요."라고 말했더니 "과장님께서 신입 사원 연수 때 청소가 가장 중요하다고 하셨잖아요. 모든 일에 철저해야죠!"라며 씩씩한 목소리로 대답하더군요. 내 말을 새겨들었다는 생각에 너무나도 보람찬 아침이었어요.

# 영업도
# 청소에서 시작된다

영업 활동은 청소에서 시작됩니다. 이 말을 들으니 고개가 갸우뚱하지요? 나도 처음에는 몰랐는데 오래 일해보고 깨달게 되었어요. 사람은 겉모습이 90퍼센트라는 말도 있잖아요.

보통 영업을 담당하는 직원들은 차림새에 신경을 쓰는 편이거든요. 머리 모양을 정리하고 손톱도 가지런히 자르며 상대방에게 불쾌감을 주지 않도록 옷매무새도 살피죠. 상대에게 '이 영업 사원은 차림새가 단정하다'라는 좋은 첫인상을 주느냐, 아니면 '깔끔해 보이지 않는다'라는 부정적인 인상을 주느냐가 영업 활동의 결과를 좌우할 때가 많거든요. 무엇보다 첫인상은 안타깝게도 기회가 단 한 번 뿐이에요. 두 번째 만남에서 만회하려고 해도 첫인상으로 깊이 박힌 이미지를 바꾸기는 매우 어렵죠.

회사의 첫인상도 마찬가지예요. 고객이 처음 회사에 방문했을 때 생긴 첫인상은 꽤나 오래갑니다. 현관이나 응접실은 물론 복도와 화장실 같은 곳까지 구석구석 청소되어 있는가. 사원들의 책상이 정리 정돈되어 있는가. 심지어 사원들의 업무 태도가 밝고 활기찬가. 이 모든 면에서 괜찮은 점수를 받아야 고객은 '이 회사는 기본이 잘되어 있으니 거래를 좀 더 늘릴까?'라는 생각이 비로소 들 것입니다.

코로나19 사태 이후에는 회사의 감염증 대책도 첫인상을 판단하는 한 가지가 되었어요. 감염증 대비가 충분하지 못한 회사나 사원은 환경 변화에 유연하게 대응하지 못한다고 판단되기 때문이죠. 그런 의미에서 보면 고객과 직접 만나는 외근직 영업 사원뿐만 아니라 내근직을 포함 모든 사원이 회사의 얼굴이 되는 셈이네요. 우리의 얼굴 사무실을 청소해서 기분 좋게 일을 시작해 보세요.

## 상대방 입장에 설 수 있는
## 작은 습관

청소의 좋은 점은 한 가지 더 있어요. 바로 상대의 처지를
생각해 보는 습관을 길러준다는 거죠. 아주 소중한 습관
이에요. 우리 회사의 동선은 회사를 방문한 손님이 사원이
일하는 장소를 지나서 응접실로 향하게 되어 있어요. 책
상 주변을 정리 정돈할 때는 방문하는 손님을 생각합니다.
그 동선이 어수선하고 너저분하면 불쾌감이 생길 수 있거
든요. 또한 회의실을 청소할 때는 다음에 회의할 사람이
기분 좋게 회의하기를 바라는 마음으로 이곳저곳을 살피
고 닦고 쓸지요. 화장실 세면대에 튄 물을 깨끗하게 청소

한 사원의 마음속에 다음으로 세면대를 이용할 동료가 자리 잡고 있듯이요. 그러니 다음 사람이 기분 좋게 쓸 수 있도록 세면대를 닦는 겁니다. 이처럼 청소는 동료를 위하는 마음, 고객을 위하는 마음을 자라게 해주는 나를 위한 훈련 같은 거예요.

어떤 일이라도 상대의 마음을 배려하는 것은 중요합니다. 영업부라면 거래처의 마음을, 사내 기획부라면 사원의 마음을 일단 헤아려야죠. 자기의 일을 정해진 기한 안에 무사히 처리하는 것도 중요하지만 반드시 후속 작업을 담당하는 사람을 생각하고 배려하는 시간도 꼭 넣어보세요. 그런 생각이 습관이 되면 내 업무 처리가 늦어질수록 뒷사람이 힘들어진다는 걸 명백하게 알게 되지요. 따라서 자기 맘대로 일을 처리하거나 자기만 만족하고 무책임하게 일을 전달하는 일은 피할 수 있을 겁니다.

상사가 시키니까 일단 해놓는다는 수동적인 자세로 청소할 텐가요? 아니면 다음에 사용하는 사람의 기분을 생각해 즐겁게 청소할 것인가요? 청소는 고객이 어떤 마음

오늘도 일이 즐거운
92세 총무과장

으로 상품과 서비스를 이용하는지를 생각해 보는 능력을 키우는 소중한 기회임을 잊지 마세요. 우리 얼굴이 깨끗해짐은 물론이고요.

## 꼼꼼하게 일하면
## 자신감이 샘솟는다

이제 막 입사한 젊은 사원에게 일을 꼼꼼히 하라고 하면 쉽게 받아들지 못할 거예요. 조금 답답하다고 생각하는 것 같아요. 그리고 요새는 규율을 교육하지는 않아서 더 그럴 겁니다.

하지만 학교에서 운동부 활동을 한 직원이 말뜻을 쉽게 이해하는 것을 본 적이 있어요. 운동에서는 규율이 중요하니까 아마도 비슷한 훈련을 받았던 거 같아요. 그 친구 말에 따르면 운동부에서 감독이나 선배들이 시키는 일은 시키는 대로 그저 어디에 무슨 도움이 되는지도 모르면서 무

오늘도 일이 즐거운
92세 총무과장

작정 따랐다고 하더라고요. 그러다가 어떤 기회에 무릎을
탁 치는 일이 있었대요. '아, 이래서 하라고 했구나!'라며
생각했던 거죠.

예를 들면, 야구를 하는 아이들에게 감독이나 코치는
큰소리로 인사하기, 인사할 때는 모자 벗기, 연습 전에 운
동장에 떨어진 쓰레기를 주워서 청소하기, 글러브와 스파
이크 등 도구 손질하기, 공을 치면 힘껏 달리기 등 모든 일
을 꼼꼼히 하라고 가르칩니다.

인사, 운동장 정비, 도구 손질은 개인의 능력 향상에 직
접적인 영향은 없어요. 그러나 날마다 큰소리로 인사하면
저절로 팀에 단합력이 생기지요. 운동장을 성실하게 정비
하면 사계절의 변화나 날씨에 따라 운동장 상황이 어떻게
달라지는지를 확인할 수 있고요. 이렇게 몸으로 체득한 배
움은 지금 당장 써먹지 않더라도 결국 수비나 배팅에 도움
을 줍니다.

또 도구를 손질하면 정비 불량에 따른 실수를 줄일 수
있을 뿐만 아니라 자신의 약점을 알 수도 있어요. 스파이
크 바닥이 마모되어 좌우에 차이가 있음을 깨달으면 투구

나 타격 자세를 교정하는 데 힌트를 얻을 수도 있고요. 모든 일을 꼼꼼히 하면 저절로 알 수 있는 선물이지요. 참고로 나는 스포츠를 보는 것도 좋아하고 직접 하는 것도 매우 즐겨서 스포츠와 관련된 이야기를 예로 많이 드는 편입니다.

스포츠든 일이든 꼼꼼하게 하면 결과를 떠나서 그 과정을 즐기게 되기 때문에 어느새 자신감이 샘솟게 됩니다. 평범한 일을 열심히 해서 일상이 되면 어김없이 좋은 결과를 가져다주고요. 늘 해왔던 대로 말이지요.

## 철저한 행동은
## 습관이 된다

메이저리거로 유명한 스즈키 이치로 선수는 습관을 중시
한 것으로 널리 알려져 있습니다. 고등학교 생활 3년 동안
을 돌아보며 이렇게 회상하기도 했어요. "잠들기 전에 날
마다 10분씩 배트를 휘둘렀다. 고작 10분이지만 1년 365
일 한 번도 쉬지 않고 계속했다."

　야구 선수에게 배트 휘두르기는 평범한 일이라고 할 수
있어요. 하지만 이를 습관으로 만들어서 날마다 빠짐없이
3년 동안 계속했다는 점에서 역시 메이저리그에 갈 만하
다며 감탄했어요. 또한 경기가 있는 날에는 가장 먼저 야

구장에 가서 달리기나 스트레칭 같은 늘 하던 일을 빼먹지 않았다고 해요.

모든 사람이 모든 일에 철저하도록 노력하면 회사에는 자연스럽게 질서와 안정이 생기죠. 평소에 질서가 유지되면 조금이라도 질서가 무너졌을 때 조직에 어떠한 이상이 발생했다는 신호라고 단박에 알아챌 수 있어 좋고요. 큰 실수를 막을 수 있으니까요.

개인으로서도 모든 일 철저하려고 노력하면 평소와 다른 자신의 몸과 마음의 변화를 재빨리 깨닫게 됩니다. 집중력이 떨어졌다고 느껴지면 수면 시간을 늘리고, 기력이 없다고 느껴지면 영양이 가득한 식사를 해서 미리 손쓸 수 있게 해주지요. 그런 일을 거듭하면 늘 최상의 컨디션을 유지할 수 있답니다.

오늘도 일이 즐거운
92세 총무과장

## 주인공이
## 되자

상사가 일을 하라고 지시하면 그 일은 이제 여러분의 일이
됩니다. 상사가 시키니까 어쩔 수 없이 해야 하는 일이 아
니라 자신의 해내야 하는 일이죠. 중요하게 생각하고 꼼꼼
하게 마무리 짓는 습관이 들여보세요. 부탁받은 일이라 해
도 일단 맡은 이상 그 일에 책임을 다해야 해요. 책임감으
로 신경 써서 일하면 나도 좋고 일을 준 사람도 좋고 두루
두루 다 좋답니다.

회사에서는 저마다 다른 일을 하고 있는데, 각자 맡은
일에 관해서는 자신이 전문가이고 주인공이에요. '나만큼

이 일을 잘 아는 사람이 없다, 나는 이 일을 통해서 내 가치를 스스로 드러내 보이겠다'라는 마음가짐으로 일을 대해보세요. 안일한 생각도 줄어들고 실수도 줄어들게 될 거예요. 상사가 건넨 일은 상사의 일이 아니라 이제는 내 일이다! 잊지 마세요.

잠깐! 혹시 오해할까 싶어서 말하는 건데요. 개개인이 주인공이라고 해서 자기 멋대로 해도 된다는 말은 아니에요. 주인공이라는 말은 어디까지나 내가 책임진다는 것을 의미해요. 일이 '남의 일'에서 '내 일'이 되면 일에 대해 나만의 아이디어가 솟아납니다. 매뉴얼대로 하지 않고 독자적인 아이디어와 창의력을 더해가며 진행하는 것이야말로 일의 재미를 더하게 하지요. 그러나 여기에서 지나친 자신감과 자만심은 금물입니다. 이제 일의 주인공이 나니 힘이 나기도 하겠지만 유념해야 하는 것은 가장 마지막에 책임을 지는 사람은 바로 상사라는 점이에요. 제멋대로 일하다 실수를 저지르면 상사가 책임지게 되므로 그 점을 잊지 마세요.

그 밖에도 다른 직원 중 굳이 나를 지목해서 일을 맡겼으니 나에게 기대하는 바가 있을 겁니다. 어떤 식으로 처리할지 보고 싶은 긍정적인 관심일 수도 있어요. 어찌 됐든 주어진 일을 늦지 않고 꼼꼼하게 마무리해 보세요. 일의 규모가 크든 작든 성실히 임하는 자세가 중요합니다.

# 방법은
# 다 있다니까

회사를 오래 다닌 만큼 이런 일 저런 일이 많았는데요. 정말 쉽지 않아 보이는 일을 맡을 때도 있었습니다. 딱 보니, 내가 못할 것 같던 일도 종종 있었지요. 그래도 일을 시작하기 전에 그 일은 못하겠다고 거절한 적은 단 한 번도 없습니다. 어떻게 그럴 수가 있었는지 나도 궁금할 때가 있는데요. 나는 그냥 이렇게 생각했어요. 할 수 없는 이유를 찾기 전에 '어떻게 하면 할 수 있을까'를 생각해서 할 수 없다는 벽을 넘고자 노력했어요. 그러다 보니 창의적인 아이디어도 얻게 된 거 같아요. 그런 마음과 생각이 뇌를 활성화시키고 눈처럼 쌓이고 다져져서 나름대로 성장하게 되지 않았나 싶어요. 이렇게 저렇게 하다가 마감은 다가오고 도통 실마리가 잡히지 않으면, 그때는 빨리 주변에게 도움을 구해보세요. 아마 도와달라는 요청을 기다리고 있을지도 모르니까요.

일은 반드시 혼자서 해결해야 하는 것은 아니에요. 회사는 단순한 개인의 집합이 아니라 하나의 팀이기 때문이지요. 어려운 일이 생기면 상사나 동료에게 도움을 구하고, 반대로 누군가가 도움을 청하면 흔쾌히 협력하면 됩니다. 당연한 말이지만 도움을 구할 때도 예의를 잊지 마세요. 먼저 상사를 찾아가서 "며칠 전에 맡긴 일을 마감까지 잘 마무리하고 싶습니다. ○○ 씨에게 지원을 부탁해도 괜찮을까요?"라고 허락을 받으면 좋아요. 이렇게 예쁘게 말하는데 무조건 안 된다는 상사는 없을 거예요.

나는 과장으로서 일을 부탁하는 사람이기도 한데요. 아직 업무에 서툰 신입 사원에게 일을 부탁할 때는 작업 지시서를 만들어서 주기도 합니다. 그런데 그렇게 해도 부탁한 마감일을 맞추지 못하는 사원이 꼭 있더라고요. 그런 경우에는 일을 부탁한 나에게도 책임이 있다고 생각해요.
그러므로 상사로서도 부하 직원이 "며칠 전에 지시한 일에
대해 의견이 있어요."라고 다가오면 반갑게 응해줍니다.

# 쉬면서 기분 전환하는 것도 일이다

사람의 몸 상태에는 어제 다르고 오늘이 다르지요. 특히 나이가 들면 더 그런데요. 여하튼 몸 상태가 좋지 않아서 출근해도 생각한 것처럼 일을 못 할 것 같을 때는 어떻게 하고 있나요? 그럴 때는 휴가를 내는 게 좋습니다. 내가 젊었을 때는 휴가 내는 것에 죄책감을 느끼는 사람이 많았어요. 하지만 몸이 좋지 않아서 쉬는 것에 죄책감까지 느낄 필요는 없답니다. 유급 휴가가 남아 있고 기한까지 다 쓰지 못할 것 같으면 유급 휴가를 내는 것도 좋아요. 어쨌든 확실히 쉬고 기분 전환하여 활기를 되찾은 후에 출근해서 열심히 일하면 오히려 도움이 됩니다. 정당한 이유가 없는데 쉬는 것은 업무 태만이므로 당치도 않지만, 몸 상태가 안 좋으면 쉬어야 도움이 됩니다. 개인은 물론 회사에게도 그게 좋아요. 운동선수는 '휴식도 훈련이다'라고 흔히 말하는데요. 이 표현을 빌리자면 쉬면서 기분 전환하는 것도 업무의 연장선이라고 할 수 있지요.

사실 평소 상사나 동료와 원활히 소통하면 내가 쉬고 와도 결코 업무에 지장이 없습니다. 예전에 일본 기업에는 '개근상'이라는 포상 제도가 있어서 한 번도 지각이나 결근하지 않은 사원을 칭찬했어요. 그런데 여기서 잠깐! 당연한 말이지만 몸 상태가 좋지 않은데도 출근한다고 좋아하는 상사는 없답니다. 이런 일은 코로나19 사태로 확실해졌어요. 몸에 열이 펄펄 나는 데 출근해서 바이러스가 퍼지면 회사도 큰일나잖아요.

우리 회사에도 개근상이 있었습니다. 이 제도가 없어졌을 때 실은 '아싸!' 하고 손뼉을 쳤어요. 개인적으로는 회사를 쉰 적은 거의 없었지만 개근에 집착하는 것은 좀 이상했거든요. 컨디션이 좋지 않은 탓에 출근해서도 업무 생산성에 전혀 기여하지 못한다면 무슨 의미가 있겠어요. 푹 쉬어서 기력을 되찾은 후에 일해야 회사와 직장 동료에게 도움이 되죠.

하지만 컨디션이 좋지 않은 이유에 상사의 갑질이나 성희롱과 같은 괴롭힘이 숨어 있거나 과로 등으로 인한 우울증이 있을 경우 이야기는 완전히 다릅니다. 이런 상태는 하루 이틀 쉰다고 해결될 일이 아니니까요. 직장 내 괴롭힘이나 정신 건강과 관련된 상담 창구를 마련해 놓은 회사도 있으니 일찌감치 상담을 받는 편이 좋습니다.

# 배움은
# 끝이 없어

우리 회사는 연수 업체와 계약을 맺음으로써 사원의 능력 향상과 자기 계발을 지원하는데요. 연수 업체에 따라 연수 커리큘럼이 해마다 갱신되어 이를 모든 부서, 사원에게 제시하거든요. 우리는 거기에서 마음에 드는 커리큘럼을 선택할 수 있어요. 물론 연수 비용은 회사에서 전액 지원하고요.

회사 연수에서는 회사에서 시키는 대로 하는 게 아니라 사원이 직접 선택해서 배우는 것이 중요한 거 같아요. 우리 회사에서는 상사가 '이 연수를 받아라'라고 지시하지

오늘도 일이 즐거운
92세 총무과장

않고 어디까지나 자발적으로 선택해서 연수를 받게 되어 있어요. 타인에게 강요당하면 있던 의욕도 달아나는 법이잖아요. 최근에는 강제로 참여하는 부서 회식을 꺼리는 젊은 사원이 늘었다고 하죠. 마찬가지예요. 강제로 참여하는 연수를 억지로 받는다 해도 효과를 기대하기가 어려워요. 연수 비용을 내주는 회사에도 분명한 손해죠. 반면 스스로 일을 선택하면 의욕을 품고 지속할 수 있기에 뛰어난 학습 효과를 얻을 수 있어요.

젊은 사원 중에는 커뮤니케이션 능력 습득이나 목표 세우기와 같은 연수를 선택하는 사람이 많은 모양이에요. 무엇을 선택하면 좋을지 망설이는 신입 사원은 상사가 제시한 여러 가지 선택지 중에서 고르기도 합니다. 한편 경력을 쌓은 사원은 매니지먼트나 리더십에 관한 커리큘럼을 선택하는 거 같아요.

이 고마운 제도 덕택에 사원은 언제나 연수의 혜택을 누릴 수 있어요. 모두 주체적으로 배우며 자신의 능력도 한층 높이는 거지요. 그 덕분에 회사도 활기가 넘치며 계속 성장할 수 있는 원동력을 얻게 되고요.

여담이지만 현재의 연수 시스템이 구축되기 전에는 다른 연수 제도가 있었어요. 그 시절 나는 '라이프 매니지먼트 프로그램'이라는 자기 계발 프로그램에 참여했어요. 그때 강사가 내가 성장하는 데 있어 고맙게 여기는 일을 종이에 써내라고 했거든요. 덕분에 내가 얼마나 많은 사람에게 도움을 받았는지 다시 한번 확인하는 계기가 되었어요. 그 이후 늘 감사한 마음을 새기게 되었답니다.

오늘도 일이 즐거운
92세 총무과장

# 답이 없어도 괜찮아
# 지금을 살면 돼

내가 젊었을 때는 가난한 탓에 생계를 이어가기도 급급한 상황이었죠. 그래서 살려면 이를 악물고 일해야 한다고 생각했어요. 지금처럼 하고 싶은 일로 직업으로 삼는다는 행복한 생각은 꿈도 꿀 수 없던 시절이었어요. 세상이 조금 풍족해진 것은 좋은 일이지만 한편으로 '하고 싶은 일을 못 찾겠다'고 고민하는 청년들을 보면 시간이 참으로도 많이 흘렀구나 하고 생각합니다.

그런 젊은 세대에게는 내가 좋아하는 시인 라이너 마리아 릴케의《젊은 시인에게 보내는 편지》를 읽어보라고 추천하곤 하지요. 이 책은 고민하는 젊은 시인의 요청에 따라 릴케가 보낸 편지를 묶은 거예요. 릴케는 "누구도 당신에게 조언하거나 당신을 도울 수는 없습니다. 밖으로 시선을 돌리지 말고 자기 안으로 들어가십시오. 한밤 가장 조용한 시각에 자신에게 글을 써야 하는 이유를 찾아내십시오."라고 썼어요. 유명한 사람 중에도 릴케 팬이 꽤 많은데, 마릴린 먼로는 "릴케의 《젊은 시인에게 보내는 편지》를 읽고 내 삶을 돌아보았다."라고 말했다죠. 레이디 가가는 심지어 독일어로 된 릴케의 시 구절을 문신으로 새겨 넣었다고 하네요.

'하고 싶은 일을 못 찾겠다'면 릴케의 충고를 따라 밤에 혼자서 조용히 명상하며 고민을 철저히 파고드는 것도 좋은 방법입니다. 하고 싶은 일과 원하는 직업은 누군가가 알려주는 것이 아니기 때문이에요. 해답은 자신의 마음속 깊은 곳에 있습니다. 그러므로 마음을 진정시키고 스스로에게 계속 자문하는 수밖에 없어요. 하룻밤 안에 결론이 나오지 않을 수도 있어요. 아마 몇 주, 몇 개월에 이르기까지 결론이 나지 않을지도 모릅니다. 하고 싶은 일, 원하는 직업에 대한 해답은 그만한 노력이 필요한 근원적인 문제여서 그렇겠지요.

조금 감상적이 되었네요. 뭐, 하고 싶은 일을 찾지 못했더라도 사실 괜찮아요. 지금을 살아간다는 것, 그것이 중요하니까요. 내일이 되면 또 지금을 살아가면 되잖아요. 살아 있다는 것 그 얼마나 경이로운가요. 살아 있는 것만으로도 나는 내 할 일을 다했다고 생각하면, 인생이 좀 쉬워질 거예요.

'지금을 살아간다'에 '즐겁게'라는 말을 추가해 보세요. '지금을 즐겁게 살아간다'라고 생각하면서 '무엇을 해야 나는 즐거워질 수 있을까?' 하고 생각해 보세요. 하고 싶은 일을 못 찾겠다는 고민은 대개 부정적인 사고에서 나온 게 아닐까요? 긍정적으로 생각하면 바뀔 수 있어요. 정말로 하고 싶은 일을 찾을 수 있어요.

# 규칙적인 식생활

사실 오랫동안 병다운 병에 걸린 적이 없습니다. 건강에 무심하지는 않지만 그렇다고 건강관리에 신경 쓰는 편도 아닌데도 그래요. 그래서 건강한 비결은 묻는 질문을 받으면 곤란하더라고요. 굳이 비결을 꼽자면 날마다 정해진 시간에 균형 잡힌 식사를 하려고 노력하는 거예요. 건강의 기본은 식사라잖아요. 그 점에서 나는 아마 합격일 거예요.

세 살 어린 여동생과 둘이 함께 살고 있는데요. 둘이서 역할을 분담했어요. 내가 밖에서 일하고 돈을 버는 대신 여동생은 집안일을 담당하는 거죠. 식사도 동생이 준비해요. 음식 솜씨가 아주 좋아요.

평일 아침 식사는 토스트, 세 가지 제철 과일, 우유, 채소 주스 등으로 간단하게 먹는 편이에요. 휴일 아침에는 시간에 여유가 있어서 조금 시간을 들여 전통식을 먹습니다. 나는 점성이 있는 음식을 매우 좋아해서 흰밥, 낫토, 오크라, 두부 된장국 등을 자주 먹죠.

점심 식사는 일주일에 두 번 정도 동생이 도시락을 싸줘서 회사에 가져가요. 그 외에는 회사 근처 편의점에서 산 도시락을 먹습니다. 원래 적게 먹어서 많은 양을 먹을 수 없기 때문에 편의점에서는 양이 적은 도시락을 선택해요.

저녁 식사는 일을 마치고 퇴근한 후 집에서 동생하고 먹습니다. 생선류가 많습니다. 동생은 채식주의자라서 육류와 생선을 먹지 않아요. 그래서 주요리 말고도 초무침이나 나물 등의 채소 요리가 상에 올라와요. 그래서 영양소를 골고루 섭취하게 되는 거 같아요.

내 여동생은 내 건강을 지켜주는 소중한 존재에요. 언제나 고마움을 느끼며 살고 있습니다.

# 2장

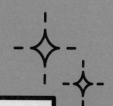

# 슬기로운
# 회사 생활,
# 야스코 할머니에게
# 물어봐

## 과신하지 말고
## 마감을 앞당긴다

세상에 무슨 일이든 정해진 기한이 있어요. 더구나 요즘 같은 디지털 시대의 비즈니스 환경은 눈이 팽글팽글 돌 정도로 빠르게 변화하고 있죠. 내가 느끼기엔 디지털 시대라서 그런지 모든 분야에서 일을 처리하는 속도가 예전에 비해 매우 빨라졌어요. 그만큼 마감도 빨라져서 속도감 있게 일하지 않으면 마감을 놓치는 상황이 종종 발생한답니다.

나는 업무를 릴레이 경기라고 생각해요. 선수가 호흡을 길게 갖고 다음 주자에게 바통을 연결해 주고, 바통을 받은 주자는 또 최선을 다해 다른 주자에게 바통을 전해

주죠. 모든 출발선에 있는 선수들이 저마다 다음 주자에게 도달할 때까지 속도와 컨디션을 조절하면서 경기에 임하는 모습이 그렇게 보여요. 내 얘길 들어보니 일이라는 게 정말로 릴레이 경기 같지 않나요?

내가 마감을 맞추지 못하면 다음 주자의 업무에 지장이 생겨서, 일이라는 경기는 좋은 성적을 받지 못할 거예요. 그러다 보면 도미노가 쓰러지는 것처럼 마침내는 고객에게까지 영향을 미치게 됩니다.

우리 회사는 '그 일은 사람에게 도움이 되는가?'라는 창업자의 철학을 계승했어요. 나는 이 말을 이렇게 해석했어요. 앞에서 이룬 노력이 헛되지 않게, 뒤에서 일을 제대로 처리할 수 있게, 일을 잘 넘겨준다.


젊은 사원 중에는 내가 일을 부탁하면 "네, 알겠습니다." 라고 대답은 잘하는데, 마감을 확인하지 않는 직원이 꽤 있었어요. 앞으로 일을 받으면 반드시 마감 기한을 확인하는 습관을 들이세요. 일을 대하는 태도가 달라질 거예요. 마감을 알면 우선 마감부터 거꾸로 스케줄을 짜는 거예요. 그렇게 하면 먼저 해야 하는 일과 일의 순서를 정리해서 시간과 상황에 맞게 일을 할 수 있습니다.

우리가 맡은 일은 대부분 처음에는 새롭지만 나중에는 일상적이고 반복적이며 비슷해요. 예전 경험을 통해서 '이 일에는 이 정도의 시간이 걸린다'는 사실을 대체로 알게 되는 거죠. 그러면 '이번에는 업무량이 두 배니까 아마 두 배 정도 시간이 걸리겠지?'라고 예상할 수 있어요.

내 경우는 스케줄을 순조롭게 관리하기 위해서 업무일지를 적고 있습니다. 업무일지를 적지 않으면 그 일에 시간이 얼마나 필요한지 몰라서 스케줄 관리가 어려웠던 경험 덕분이죠. 마감 기한과 소요 시간부터 필요에 따라 월 단위, 주 단위, 일 단위의 스케줄을 달력이나 노트에 적습니다. 컴퓨터와 스마트폰의 스케줄 앱을 사용하면 팀 전체가 스케줄을 공유할 수 있기에 편리합니다.

늘 일정을 앞당기도록 힘쓰고 납기일에 빠듯하게 처리하지 않도록 주의하세요. 자신을 과신해서 납기일에 아슬아슬하게 맞춰 일하다 보면 실수가 생기기 마련이며 납기일을 맞추지 못하는 경우도 종종 생기니까요. 실수가 생기면 이를 만회하기 위해서 불필요한 시간을 낭비하므로 더

욱더 납기가 지연되고 말아요. 그런 사태를 피하기 위해서 스케줄에는 충분한 여유를 갖고 일정을 앞당겨서 일을 진행하세요.

또한 내 능력에서 벗어난 일을 맡아서 마감 직전에 '못하겠습니다'라며 서로를 난감하게 하는 일을 만들면 곤란하겠죠. 설마 이런 일은 없겠지만, 일정을 앞당겨서 최대한 빨리 상사에게 현재 상황을 말하고 상담하면 서로에게 맞는 일정을 조율할 수 있으니 반드시 조언을 구하세요. 그러라고 있는 사람이 상사입니다. 그렇게 하면 상사는 보조할 직원을 붙여주거나 맡은 일의 일부를 다른 사람에게 분담시켜서 일이 원활하게 돌아가게 도와줄 거예요.

오늘도 일이 즐거운
92세 총무과장

# 일을 처리하는
# 순서

앞에서도 말했지만 나는 회사에서 한 가지 일만 하지 않고, 늘 여러 가지를 한꺼번에 하고 있어요. 보통 회사원이라면 나하고 비슷할 거예요. 매우 중요한 일과 우선순위가 낮은 일이 뒤섞여서 아주 정신이 없는 일이 비일비재하죠. 여기저기서 튀어나오는 잡무는 또 어떻고요.

자, 집중해 보세요. 여러 가지 일을 맡았을 때 무엇부터 손을 대야 할지 몰라 방심하면 마감 기한을 맞추지 못하는 일이 생겨요. 그런 일을 피하려면 반드시 일의 중요도와 기한의 시급성를 기준으로 우선순위를 매기세요. 먼저 일의 중요도를 중시해야 합니다. 회사에 큰 의의를 갖는 일을 다른 일보다 우선해서 정리하는 거죠. 직접 중요도를 판단할 수 없다면 상사에게 물어서 확인하세요. 기한의 시급성은 그다지 중요한 일이 아니라도 마감이 코앞에 다가온 일을 먼저 처리한다는 뜻입니다. 당연한 말이지만 내가 봤을 때 중요하지 않은 일도 마감을 조금이라도 넘기면 다음 사람 일을, 즉 후공정을 꼬이게 만드니까요.

나는 언제나 일의 우선순위를 눈에 잘 보이게 정리하는 투-두 리스트To-Do List를 만듭니다. 해야 할 일을 목록으로 만든 투-두 리스트는 아이들이 공부할 때도 많이 사용하나봐요. 머리가 쌩쌩 돌아가는 아이도 학교 공부 말고도 학원 숙제, 운동, 레슨 등 할 일이 많기 때문에 우선순위를 목록으로 만들지 않으면 헷갈릴 수밖에 없겠죠? 그럼 우리 같은 회사원에게 투-두 리스트가 필요하다고 말하는 건 입만 아픈 일이죠. 솔직히 나는 아직까지 기억력만큼은 자신 있지만, 과신하지 않고 투-두 리스트를 활용합니다.

# 정신없이 바쁘면
# 바로 진가를 발휘할 때

일을 처리하는 방법은 다양합니다. 우리가 일을 할 때 꼼꼼히 잘 처리하지만 속도가 느리다면, 그래서 마감을 넘긴다면 그 일은 잘하는 일일까요? 아니면 마감은 완벽하게 지켰지만 나중에 알고 보니 일이 엉성하게 마무리되었다면 어떨까요?

손자병법에 교지불여졸속巧遲不如拙速이라는 말이 있어요. 여기서 교지는 공교할 교, 늦을 지, 졸속은 서툴 졸, 빠를 속이에요. 아무리 잘해도 느린 것보다는 어설퍼도 빠른 게 낫다'라는 말이에요. 사실 나는 교지와 졸속 둘 다 일을 처리하는 방식으로는 좋지 않다고 생각해요. 교지나 졸속이 아니라 양쪽에서 좋은 점만 취해 '교속巧速'은 어떤가요? 그럴듯한 거 같은데요. 굳이 말하자면 나는 시간이 걸려도 일을 정성껏 처리하려는 편이라서 마감을 앞당겨 일을 마무리하고자 노력하고 있어요.

보통 사람들은 마감이 코앞에 닥친 상황에서는 졸속도 좋은 일 처리 방식으로 생각합니다. 조금 실수가 있더라도 나중에 보완할 시간적인 여유가 있으니까 문제없다고 생각하는 거죠. 하지만 나는 그렇게 생각하지 않아요. 졸속으로 실수를 연발하면 다시 해야 하는 부분이 많아지고, 그중에는 처음부터 다시 해야 하는 일도 분명히 생기기 때문이죠. 그러면 수정에 시간을 빼앗긴 나머지 진짜 마감을 넘겨서 후공정에 악영향을 미칠 우려가 있습니다.

'실수를 저지르지 않는 것이 가장 빠른 업무다'는 내 오랜 신념입니다. 주어진 일정 안에서 최대한 공들여서 일하면 당연히 실수할 일이 적어지기 때문입니다. 실수가 적을수록 재검토에 쓸데없는 시간과 노력을 빼앗기지 않고, 공

66 ＿＿＿

오늘도 일이 즐거운
92세 총무과장

들여 일해서 빨리 마무리하는 교속을 할 수 있지 않을까요? 그리고 나는 맡은 일이 많아서 바쁜 와중에 급한 일이 날아드는 상황을 '내 진가를 발휘할 때다'라고 생각해 버려요. 그렇게 생각해 버리면 초조했던 마음이 조금은 진정되고, 일을 일로 즐기게 되는 신기한 마법이 펼쳐지곤 했답니다. 물론 모든 일은 정성껏 확실히 처리하려는 마음으로 임했습니다.

# 눈앞에 주어진 일에 집중하는
## 간단한 방법

그럼 일에서 실수하지 않으려면 어떻게 해야 할까요? 나는 주로 투-두 리스트 맨 꼭대기에 있는 업무에 관련된 서류를 책상에 올려놓아요. 눈에 잘 띄게 하려는 목적이죠. 똑같은 얘기지만, 한 번에 여러 가지 일을 처리하려고 하면 생각하지 못한 실수를 초래해서 결국 발목을 잡힐 수 있습니다.

예를 들어, 컴퓨터에서 여러 가지 소프트웨어를 동시에 작동시킬 때를 생각해 보세요. 어느 순간 갑자기 컴퓨터 처리 속도가 느려지고, 사양이 좋지 못한 컴퓨터라면 멈추기까지 하죠. 사람도 마찬가지예요. 여러 가지 일을 동시에 처리해서 일의 효율을 높이려고 해도 머리와 손발이 할 수 있는 일에는 한계가 있어요. 그러면 똑같은 일을 처리하는 데도 시간이 훨씬 더 걸리고, 실수도 더 늘어나는 악순환의 늪에 빠지게 됩니다.

그래서 책상에는 현재 하고 있는 일과 관련된 자료만 놓고 그 일에 집중하는 환경을 마련하는 거예요. 책상에 이것저것 다른 일에 필요한 자료를 올려놓으면 머릿속도 책상 위와 비슷하게 어지럽다는 건 당연하겠죠? 당장 필요한 자료가 안 보여서 그걸 찾느라 귀중한 시간을 빼앗길 수도 있고 자료가 뒤섞여서 도저히 찾을 수 없는 지경이 되기도 합니다.

같은 날에 여러 가지 안건을 처리해야 할 경우 먼저 처리할 일을 어느 정도 마무리해 놓습니다. 그리고 관련된 서류를 책상 가장자리나 일정한 서랍을 정해 잠깐 보관하는 용도로 사용합니다. 자, 이제 그다음 중요한 일을 책상에 펼쳐 놓습니다. 이렇게 하면 책상에 펼치는 일은 오직 하나라는 원칙을 지킬 수 있겠죠. 컴퓨터 작업에서도 여러 안건의 파일을 열어놓은 채로 두지 말고 최우선 안건 파일만 열어놓는 겁니다. 다음 일을 시작할 때는 마무리한 일의 파일을 닫은 후에 새 파일을 여는 거죠.

한 가지 일에 집중해서 실수를 줄이고 빠르게 일을 잘처리하려면 책상 정리가 잘되어 있어야 합니다. 당연해 보이는 일이지만, 작은 차이가 일에서 큰 차이를 만듭니다. 늘 정리하는 습관을 들여보세요, 책상과 컴퓨터를 깔끔하게 정리 정돈해 놓으면 일에 집중이 잘될 거예요.

오늘도 일이 즐거운
92세 총무과장

# 집중하면서도
# 주변을 둘러보자

많은 사람들도 마찬가지겠지만, 나는 한번 일에 빠지면 주변에 전혀 신경을 못 쓰는 편이에요. 물론 여러 가지 일을 할 때는 선택과 집중이 필요하고, 차근히 하나씩 집중해서 해결하는 것이 중요하죠. 수술 중인 외과 의사나 고도의 집중력을 필요로 하는 예술인처럼 숨 쉬는 것도 잊을 정도로 눈앞에 주어진 일에만 무조건 집중해야지 처리할 수 있는 일도 있겠죠. 이렇듯 집중력은 일을 잘해내는 데 매우 중요해요. 기업에서도 시스템 엔지니어가 한창 새로운 시스템을 가동하는 일을 할 때는 외부에서의 자극을 완전히 차단해서 몰두해야 할 수도 있어요.

　하지만 우리는 혼자 일하기도 하지만 팀을 이루어 일을 처리하는 경우가 많아요. 각자 다른 업무를 맡는다고 해도 최종적인 결과물이 팀 전체의 성과가 되기도 하고요. 팀 프로젝트가 원활하려면 팀 안에서 내가 맡은 일에 집중하고 팀 전체에 어떤 영향을 미치는지 살펴야 합니다. 말하자면 나무를 세면서도 전체 숲의 모양을 제대로 보아야 한다는 거죠.

　육상선수에게 중요한 시각적 능력으로 '주변시'라고 불리는 것이 있습니다. 이는 눈앞의 목표에 집중하면서도 넓은 시야로 주변도 두루두루 살피는 능력을 말합니다. 사실 농구선수나 축구선수도 공이나 눈앞의 상대 선수를 보면서도 코트와 필드 전체에도 시선을 보내며 패스와 슛 기회를 찾아야 합니다.

　회사원도 마찬가지예요. 자기 일에 집중하면서도 주변시로 직장 전체를 두루 살피는 균형이 중요합니다. 아직 서투른 신입 사원이라면 자기 업무만으로도 힘에 부쳐 다

오늘도 일이 즐거운
92세 총무과장

른 일에 신경 쓸 마음의 여유가 없을 테지만, 일단 알아두면 앞으로 도움이 될 것입니다. 연차가 쌓이고 선배가 되면 내 눈앞에 주어진 일에 집중하면서도 주변 사람을 살피게 될 테니까요. 특히 선배나 상사로서 후배가 하는 일에 살뜰히 살펴주면 얼마나 좋겠어요.

또 일을 발주하는 입장이라면 더욱 그래요. 하지만 주의할 것이 하나 있어요. 중간에 참견이 지나치면 상대의 자주성을 빼앗아서 보기도 좋지 않고 일의 효율도 떨어지니 조심하세요. 만일 보고가 늦거나 연락이 원활하지 않거나, 문제에 대해 소통이 어렵다면, "괜찮아요? 무슨 문제라도 있나요? 상담이 필요하면 언제든지 말해요."라고 자연스럽게 말을 걸어보세요.

# 토끼와
# 거북이

시대가 변화하는 속도는 해마다 빨라져요. 물론 나처럼 나이가 들면 따라가기 힘든 부분이 생기지만 변화에 대응하지 못하다가는 공룡처럼 멸종할 수도 있어요. 공룡이 되고싶지 않아서 지금도 노력하는 중이에요. 그래서 나는 초조할 때마다 '서두르지 말고 성실히 하자'고 자신을 타일러서 변화에 발맞추고자 빠르게 의식을 전환하곤 해요.

변화하는 속도가 빨라지면 빠른 대응이 필요한 상황도 그만큼 늘어납니다. 여기서 '빠른'은 '시간적으로 빠르다'

와 '동작이나 속도가 빠르다'는 의미가 있을 수 있습니다. 동작이나 속도가 빠르다는 것은 같은 시간 안에 처리하는 속도가 빠르다는 의미이며, 시간적으로 빠르다는 순서상 앞서다는 의미가 담겨 있습니다. 주변을 둘러보면 동작이나 속도가 빠른 신속형 동료도 있고, 시간적으로 빠른 성실형 동료도 볼 수 있어요. 거기서 굳이 말하자면 나는 시간적으로 빠른 성실형입니다.

세상이 움직이는 속도가 빨라졌다고 해서 모든 사람이 동작과 속도가 빠른 신속형이 되어야 하는 것은 아니라고 생각해요. 자기만의 개성을 바탕으로 변화에 적응하면 된다고 생각해요. 조금만 더 생각해 보면, 현재 중장년 사원의 경우 변화 속도가 가속도로 상승하는 미래가 되었을 때 계속 일할 수 있을까요? 나는 그렇지 않다고 봐요. 처리 속도가 빠른 신속형이라도 꾸물거려서 착수할 시기가 늦어지면 납기까지 일을 제대로 처리하지 못하는 일도 생기겠죠. 이른바 〈토끼와 거북이〉에 등장하는 토끼가 떠오르지 않나요?

하지만 자기계발이나 경제. 경영. 비즈니스 책들은 대

부분 효율을 중시하는 신속형 인간이 되라고 입을 모아 얘기하는 거 같아요. 효율적으로 일을 처리하지만, 양질의 결과를 내지 못하면 아무 의미가 없을 텐데 말이죠.

처리 속도는 빠르지 않더라도 마감 일정을 염두에 두고 서둘러서 일을 시작하고 착실히 일에 임하면 양질의 결과물을 세상에 내놓을 수 있다고 생각합니다. 이건 정말 단순한 이야기예요. 어떤 일이 아침 10시부터 시작해서 그날 오후 5시까지 끝나지 않을 것 같으면 아침 9시에 출근해서 시작하면 되는 거예요. 〈토끼와 거북이〉에 등장하는 거북이 전략이죠.

언뜻 보면 성실형보다 신속형이 더 똑똑하게 보이기 때문에 그쪽을 동경하는 사람이 많아 보여요. 물론 일을 빠르게 처리하면서 제대로 된 결과물을 가져오는 게 가장 좋죠. 하지만 내가 여태까지 봐온 경험으로는 일을 빨리 처리하는 사람들은 종종 중요한 걸 놓치곤 하더군요. 다 그런 건 아니었지만, 뭐 몇몇은 그랬어요.

일은 스포츠처럼 결승점에 빨리 도착하는 게 중요하지

않아요. 과정이 중요하죠. 마감 기한이라는 최종 목표까지
제대로 업무를 완수해야 해요. 회사에서 적성에 맞게 유연
하게 대응하면서 자기에게 맞는 방식을 잘 찾아보세요.

# 익숙함을
# 조심해

앞에서도 잠깐 말했는데요. 우리 회사에서는 1983년부터 기업의 경영 관리 개선을 위해 종합적 품질관리를 칭하는 TQC 체제를 취하고 있습니다. 40년이 넘는 시간 동안 지속적으로 품질관리를 한다는 것은 새로운 아이디어를 거듭해서 채용해도 개선할 일이 무궁무진하다는 뜻이겠죠. 새로운 일은 물론 일상적으로 하던 일도 능률을 높이고 개선할 수 있습니다.

나는 평소에 '어떻게 하면 일을 잘할 수 있을까? 좀 더 효율적으로 일할 방법은 없을까?'라는 생각을 많이 해요.

오늘도 일이 즐거운
92세 총무과장

그래서 틀에 박힌 일도 질리지 않고 늘 새로운 마음으로 임할 수 있는 것 같아요. 지난달보다도 이번 달, 어제보다도 오늘이 더 좋아질 것이라 생각하며 즐겁게 일하고 있습니다. 그런 마음으로 일하면 놀라운 발견을 할 수 있는데, 그것은 일할 때 의욕적이 된다는 점이에요.

우리가 일을 할 때 가장 조심해야 할 점은 익숙해지는 겁니다. 작년에 했던 순서와 똑같이, 지난달에 했던 방법과 똑같이, 어제와 똑같이 일을 한다고 생각해 보세요. 이렇게 습관적으로 타성에 젖어 일하면, 그건 일을 하는 게 아니라 기계적으로 일을 쳐내는 꼴만 됩니다. 우리는 기계가 아니지 않습니까. 그렇게 일을 루틴 속에 넣고 반복화하면 일에서는 도저히 재미를 찾기 힘들고, 점점 더 일할 의욕이 줄어들겠죠. 그럼 당연히 성과가 떨어지고 수시로 실수를 저지르기도 합니다.

TQC는 업무의 낭비를 줄이는 활동이라고 생각하기 쉬운데요. 얼핏 보면 쓸데없어 보이는 일에도 사실 의미가 있을 때가 많아요. 낭비에는 의미 있는 낭비와 의미 없는 낭비가 있다고도 볼 수 있겠네요. 의미 없는 낭비는 줄

여서 효율성을 높일 수도 있지만, 의미 있는 낭비는 남겨
놓아야 좋을 때도 있습니다. 일을 인생이라고 생각해 보세
요. 인생에 쓸데없는 일은 없다고 하는데 어떤 일이든지
배움으로 바꿀 수 있으면 거기서 무언가를 얻을 수 있듯
이, 업무에서도 언뜻 쓸데없어 보이는 일에서 새로운 힌트
를 얻을 수 있다는 거죠.

'그 과정은 필요 없다'라고 싹 잘라버리기 전에 왜 그
과정이 지금까지 남았는지, 그 이면에 우리가 모르는 어떤
의미가 담겨있지는 않은지 깊이 생각해 보는 건 어떨까요.
그렇게 하면 낭비라고 생각했던 일이 단순한 낭비로 남지
않을 것입니다.

# 20분 동안 훑어보는
# 세상만사

나는 지금까지 매일 아침 20분을 투자해 신문 헤드라인을 확인하고 있어요. 그리고 모르는 단어를 접하면 무슨 뜻인지 찾아보고요. 최근에는 들어본 적도 없는 영어 단어가 그대로 업무 환경에서도 종종 쓰이고 있기 때문에 이런 과정은 나에게 무조건 필수예요. 예를 들면, '5G, DX, GX' 같은 단어가 10년 전에는 거의 신문에서 만날 수 없던 말이었어요.

예전에는 모르는 단어는 사전을 찾으면 알 수 있었는데 5G, DX, GX는 오래된 사전에는 실려 있지 않아요. 그럴 때는 스마트폰이나 컴퓨터 등을 통해 인터넷 검색을 하면 아무리 새로운 말이라도 바로 의미를 알 수 있어서 참 간편하고 좋더라고요. 참고로 나는 사전과 인터넷 둘 다 검색합니다.

여기서 중요한 한 가지가 더 있어요. 사전에서 찾거나 인터넷으로 검색해서 의미를 알게 된 단어를 알았다는 만족감만으로 끝내지 않는다는 거죠. 그래서는 진짜 내 것이 되지 않아요.

새로 익힌 표현을 자기 약상자에 들어있는 약처럼 언제나 마음껏 쓸 수 있어야 내 것이죠. 옆자리에 앉아 있는 동료가 "5G가 뭐야?"라고 물었을 때 "응, 나도 얼마 전에 알았는데, 새로운 통신 규격이래. 많은 정보를 한꺼번에 보낼 수도 있고……"라고 쉬운 말로 설명할 수 있어야 제대로 알고 있다고 말할 수 있는 거죠.

평소에 새로운 단어를 알게 되면, 누군가가 물어보면 어떻게 설명할지 골똘히 생각하는 편이에요. 일종의 취미라고 할까요. 언제 누가 물어볼지 모르는 일이잖아요. 그렇게 하면 배움이 한층 재미있고, 신나게 느껴집니다.

## 나도
## 주인이야

요즘 젊은 친구들은 회사에서 경력을 쌓고 실력도 늘고 자신감이 생기면 독립해서 내 회사를 차리는 일이 많은 모양입니다. 70년 전 산코산업을 창업한 초대 회장님도 큰 철강회사에서 근무한 경험을 살려서 독립했다고 해요.

그런데 사실 나는 독립이나 창업 같은 일은 생각해 보지 않았어요. 하지만 '내가 이 회사의 주인이다'라는 마음으로 일해 왔습니다. 주변 동료들이 어떻게 볼지는 모르겠지만, 나는 꽤 주인 정신이 있는 거 같아요. 주어진 일만으로는 만족하지 못하는 성격이라서 내 방식으로 이것저것 창의적으로 생각해 보고, 제안도 하는 편이거든요.

1950년대에 초대 회장님과 일할 때 이런 일이 있었어요. 아직 컴퓨터가 없던 시대라서 나는 담당한 경리사무 장부와 전표 정리를 전부 손으로 직접 썼습니다. 주판을 사용해서 계산하던 시절이죠. 거래처마다 매출, 외상 매출금 등의 전표를 만들고 매달 모든 거래에서 장부가 맞는지 확인했죠. 이 업무는 매우 번거로운 데다 실수가 잦다는 문제점이 있었어요. 그래서 나는 아코디언 형태의 파일을 사서, 거기에 거래처별로 전표를 넣어 놓고 월말이 아니라 10일마다 결산해서 집계하는 방법을 생각했습니다. 작업을 단순하게 만들면 실수가 줄지 않을까 생각했던 거죠.

물론 독단적인 행동은 다른 의도하지 않은 결과를 초래하기 때문에 함부로 시스템을 바꾸는 건 좋지 않아요. 장단점을 꼼꼼히 살피고, 동료나 상사에게 조언을 구하고 결정해야 하는 일이에요. 그때는 초창기라서 가능했던 것 같기도 해요. 어찌됐든 다행히도 '산코는 청구서가 빨리 와서 편하다'라며 거래처에서 반겼어요. 지금은 내 작은 행동이 시스템이 되어서 결산일 다음 날에는 청구서가 발행되고 있어요.

그 이후에도 상사의 지시가 없더라도 재미있게 느낀 아이디어는 최대한 쉽게 이미지화해서 제안해 왔습니다. '그건 재미있네'라며 채용되기도 하지만 '일단 듣기는 하겠다'며 이야기만으로 끝나기도 합니다. 상사의 평가가 어떻든 간에 내 생각을 끝까지 파고드는 것을 즐겼어요. 내 아이디어가 채용되지 않아도 기죽지 않는 성격이라 모든 게 가능했던 것 같아요.

회사에 근무하느냐, 창업하느냐를 꼭 선택할 필요는 없는 거 같아요. 회사라는 조직에 근무하며 주인 정신을 발휘해서 창의적으로 일을 진행하는 방식도 멋지다고 봅니다. 그러다가 내가 좀 더 뜻을 펼치고 싶을 때, 내 경험이 충분할 때, 사회에 도움이 될 때, 창업을 생각해도 늦지는 않은 듯해요.

# 승진과 승급,
# 어느 쪽이 좋은 거지?

회사원을 나름대로 두 가지로 나누어 봤어요. 하나는 평사원에서 시작해 주임, 과장, 차장, 부장……으로 승진을 지향하는 직원이고요. 또 다른 직원은 승진에는 눈길도 주지 않고 자신의 전문성을 높이려고 하는 사람이지요.

연공서열이 일반적이던 시대에는 근속 연수에 따라 어느 정도 승진할 수 있었어요. 상사는 대체로 연상의 남성이었고 입사 동기 중에서 누가 먼저 승진할지 신경 쓰던 시절이었죠. 승진과 함께 월급도 조금씩 올랐기 때문에 승진하는 게 일에 있어서 가장 큰 동기부여가 되기도 했어요.

하지만 21세기에 들어서며 연공서열이 무너지고 성과를 더욱 중시하게 되었어요. 오래 근무했다고 저절로 승진하는 시대는 끝난 거죠. 나보다 훨씬 어린 상사나 여성 상사도 이젠 흔하게 볼 수 있어요.

회사마다 차이가 있겠지만, 승진과는 별개로 승급이라는 시스템이 있습니다. 직원의 능력에 따라 사내 규정으로 직무와는 다른 '직능 자격'을 주는 것이죠. 1호, 2호 등으로 '호수(급)'가 올라갑니다. 나이, 성별에 상관없이 업무 수행하는 능력이 향상되었다고 인정받는 것이니, 좋은 일이죠. 또한 승급은 승진할 수 있느냐 없느냐의 중요한 판단 기준이기도 해요.

회사가 불만스럽거나 업무 방식이 고민된다면 내가 어떤 타입인지 한번 생각해 보세요. 승진이 중요한가요, 아니면 승급이 중요한가요? 예전에 후배 사원이 '열심히 일하는데도 남들처럼 승진이 되지 않는다'는 고민을 털어놓는 바람에 상담한 적이 있습니다. 내가 보기에는 그 후배는 승진보다 승급을 좋아하는 타입이었어요.

"지금 맡은 일은 재미있니?"라고 물었더니 "네, 그럼요."
라며 바로 대답하는 거예요. 그래서 이렇게 말해줬어요.

"그렇다면 승진이라는 평가로 네 자신을 평가하지 않아
도 될 거 같은데. 네 전문성을 살리는 데 최선을 다해서 최
고가 되면 어떻겠니? 거기에 승진이라는 보상이 따라오면
운이 좋다고 생각하면 되지 않을까?"라고 조언했습니다.
그러자 그 친구 표정이 밝아졌어요.

굳이 나도 따지자면 전문성을 높이고 싶습니다. 직위나
승진을 바라는 것이 아니라 하고 싶은 일을 철저히 추구
하고 싶습니다. 조직에서 하고 싶은 일을 하면서 성장하면
그보다 더 큰 기쁨이 어디 있겠어요.

참고로 우리 회사에서는 1년에 한 번 그해에 활약한 사
원에게 '최우수상, 우수상, 신인상'을 수여합니다. 그 판단
기준은 연공서열과 업무 평가가 반반이에요. 너무 성과만
놓고 평가하는 것을 방지하고자 연공서열도 더한 거죠. 이
렇게 하면 승진을 지향하는 사람과 승급을 지향하는 사람
모두 보상을 받는 합리적인 방법이 된다고 생각해요.

오늘도 일이 즐거운
92세 총무과장

요즘 친구들은 승진이나 승급에는 그다지 관심이 없어 보여요. 일하면서도 취미를 적절히 즐기고, 가족하고 시간을 많이 보내고 싶어 하죠. 일과 삶의 균형을 뜻하는 워라밸Work-Life Balance이 보장되지 않으면 회사를 관두는 사람들도 많다고 들었어요. 다양한 생활 방식을 존중하고, 일만큼은 확실하게 하고 내가 즐기고 싶은 것을 즐긴다면 금상첨화겠죠. 확실히 가족까지 희생해서 일만 우선시하던 시대는 지나갔어요.

근데 승진해서 월급이 오르면 생활에 여유도 생기고 그만큼 가족에게도 좋잖아요. 승급해서 자신감이 생기면 일상을 긍정적으로 바라볼 수도 있고요. 내게 주어진 일을 충실히 해서 보상받는 것도 일종의 워라밸이라고 생각해요. 입으로 워라밸을 추구한다고 말하면서 해고되지 않을 정도로만 그저 시키는 일만 하는 건 좀 시간도 능력도 아깝게 느껴져요.


우리 일터에 기계화, 로봇화가 진행되면, 우선적으로 그런 사람이 있던 곳을 채울 거예요. 아침 9시부터 오후 5시까지 근무한다면 대략 인생의 3분의 1을 회사에서 보내는 셈입니다. 그 시간을 유익하고 적극적으로 보내야겠다고 생각해 보세요. 승진이나 승급에 목을 맬 필요는 없지만 어느 정도의 동기부여는 될 겁니다.

# 마지막은
# 늘 웃는 얼굴

업무 때문에 누군가와 처음 만날 때는 어느 정도 상대에 대한 정보를 얻은 다음에 만나는 게 좋아요. 유명인이야 인터넷 포털에서 검색만 해도 수만 가지 정보를 얻을 수 있겠지요. 하지만 일반인이라면 얘기가 달라져요. 그래도 전에 함께 일했던 사람이 있다면 사소한 정보라도 알아두면 좋아요. 물론 개인적인 사생활이나 약점을 캐내라는 소리가 아니에요. 어떤 음식을 좋아하는지, 그 일을 언제부터 했는지, 앞으로 어떤 일을 하고 싶은지 등 상대의 관심에 관심을 갖는 거죠.

옛말에 '나를 좋아해 준 사람을 좋아하게 된다'는 말이 있어요. 나에게 관심을 보이는 사람에게는 나도 관심이 생긴다는 뜻이죠. 호의적인 관심이 계기가 되어 상대도 관심을 보이면 어려운 이야기라도 잘될 확률이 높아진다고 확신해요.

반대로 상대에 관한 정보가 전혀 없는 상태, 이른바 백지상태로 만난다면 어떨까요? 상황이 그렇게 되었다고 해도 무조건 나쁜 것만은 아니에요. 최소한 외부로부터의 선입견은 배제할 수 있겠지요. 백지상태이니 직접 부딪히면서 정확한 정보를 하나씩 단단하게 얻어 갈 수 있으니까 말이죠. 이런 태도는 위에서 얘기한 것처럼 상대에 대해서 알아보았더라도 잊지 말아야 하는 점이죠. 결국 만나서 겪어보아야 제대로 아는 것이니까요

또한 회의를 끝내고 헤어질 때는 웃는 얼굴을 해보세요. 물론 대화가 순조롭게 끝나면 저절로 웃는 얼굴이 되겠죠. 하지만 생각처럼 일이 진행되지 않았다고 해도 미소를 띠고 "고맙습니다. 또 뵐게요."라고 정중히 인사하세요. 웃는 얼굴에 침 못 뱉는다는 말이 있잖아요. 내가 웃으면

상대도 웃게 될 거예요. 서로 웃으며 헤어지면 좋은 인상이 남기 때문에 '또 만나고 싶다'고 느끼게 되는 마법을 볼 수 있답니다. 다시 한번 만날 기회가 생기면 그때는 이미 서로가 벽을 허물었기 때문에 조금 어려운 이야기라도 순조롭게 풀릴 수 있어요.

무뚝뚝한 얼굴로 헤어지면 만날 기회가 사라질지도 몰라요. 서로가 다시 만나고 싶다는 긍정적인 마음을 표현해 보세요. 끝은 늘 웃는 얼굴로!

# 바꿔야 하는 것과
# 바꾸면 안 되는 것

'새 포도주는 오래된 가죽 부대에 넣으면 안 된다. 그런 짓을 하면 가죽 부대가 찢어져서 술이 새어 나와 가죽 부대도 못 쓰게 된다. 새 포도주는 새 가죽 부대에 넣어야 한다. 그렇게 해야 가죽 부대와 포도주가 오래 간다'라는 말이 있어요. 예수 그리스도의 말이죠. 이 말을 회사에도 적용해 보세요. 새로운 발상이나 창조적 활동은 그에 어울리는 조직과 장소가 필요하다는 뜻하고 잘 맞지 않나요?

변화 속도가 급격한 오늘날에는 새로운 기술과 창의력을 발휘하는 회사가 업계를 이끌고 있습니다. 다시 말해,

시대의 요구에 부합한 새로운 일을 창의적으로 개척할 수 있는 회사가 직원이 마음껏 기량을 펼칠 수 있는 무대를 마련하겠죠. '새로운 아이디어를 내라'고 닦달하는 회사가 아닌 직원이 능력을 선보일 환경을 만들어야 합니다. 그러기 위해서는 젊은 직원의 아이디어를 반영하는 시스템을 만들거나 유망한 직원을 승급시켜서 권한을 위임해도 좋겠죠. 여기서 젊은 사원을 지원하는 상사의 역할도 간과하면 안 됩니다.

우리 회사에서는 예전에는 방문 영업이 주류였어요. 지금은 그때와는 달리 인터넷 거래가 약 70퍼센트를 차지합니다. 그래서 해마다 인터넷 관련 사업에 많은 금액을 투자해서 강화했습니다. 마찬가지로 인터넷 거래가 중심이 되니, 영업부가 해야 하는 역할도 달라졌어요. 예전처럼 '어떤 나사를 얼마나 원하는가'라는 요구를 찾아내는 것에 더해서 고객의 사업을 근거로 해서 어떤 상품이 필요한지 제안하는 컨설팅 영업이 필요해졌습니다.

여기서 잠깐! 무조건 바꾼다고 다 좋은 건 아니에요. 바꾸면 안 되는 것도 있어요. 우리 회사의 경우 '그 일은 사람에게 도움이 되는가?'라는 고객을 위해서 최선을 다한다는 창업 철학이 있다고 했잖아요. 이런 것은 바꿔선 안 되고 바꾸지 않아도 되는 것입니다. 바꿔 말하자면 조직의 비전과 철학이 굳건하다면 과감하게 새로운 시도를 해봐도 된다는 뜻으로 해석해도 되겠죠. 환경의 변화에 유연하게 대응하지 못하는 회사와 조직은 오래 살아남지 못한다고 생각해요.

# 누군가에게
# 도움이 되고 싶은 마음

우리 회사의 철학 '그 일은 사람에게 도움이 되는가?'에는
일종의 봉사 정신이 깃들어 있어요.

봉사는 개인이 어떠한 대가를 바라지 않고 하는 행위
잖아요. 그런데 회사 이야기를 하다가 웬 뜬금없는 봉사
정신이냐 궁금하겠죠? 원래 봉사는 공공성이 높은 활동
에 직접 나서서 참여하는 것을 말한다고 해요. 예를 들면,
1995년 일본 고베 대지진에 수많은 사람이 힘을 모았던
일도 봉사라고 말할 수 있어요.

모든 일에는 많든 적든 공공성이 따라와요. 월급을 받

는다고 해서 '누군가에게 도움이 되는 일을 하고 싶다'는 마음을 가지면 안 되나요? 오히려 좋아요. 그런 마음으로 일하면 큰 보람과 만족감에 행복해질 거예요. 나 또한 지금도 매일 회사에 나가면서, 날마다 누군가에게 도움이 되고 있다는 보람을 느낍니다. 고마울 뿐이죠.

2020년에 기네스북에 이름을 올린 다음, 여러 모임에 자주 초대되었어요. 주제는 고령자에게 용기를 주는 이야기였어요. 그런 자리에 가면 봉사 이야기를 꼭 하는 편이에요. 나이가 되어서 퇴직한 다음에 '일상에 활기가 없다, 할 일이 없어서 곤란하다'라고 말하는 사람들이 많아요. 하지만 나이가 많다고 해도 튼튼한 두 다리만 있으면 누군가에게 달려가 도움을 줄 수 있지 않을까요? 예컨대 근처 공원을 청소하거나 잡초를 뽑는 일도 누군가는 해야 하는 일이잖아요. 방법을 모르겠다면 주민센터에 가서 물어보면 남에게 봉사할 기회를 얻을 수 있을 거예요.

노벨평화상을 받은 테레사 수녀님은 "사람이 가장 슬퍼해야 할 일은 병도 가난도 아니다. 자신은 이 세상에 필요없는 사람이라고 느끼는 것이다."라고 말했습니다. 또 이

오늘도 일이 즐거운
92세 총무과장

말도 유명하죠. "신은 우리에게 성공을 바라지 않는다. 다만 도전하기를 바랄 뿐." 우리 일상의 모든 활동에서 누군가의 도움이 되고 도전을 계속하는 것은 돈으로 살 수 없는 충만감을 안겨줄 것입니다.

# 매일 아침 30분 요가

50년 정도 매일 아침 요가를 꾸준히 하고 있습니다. 회사가 가입한 건강보험조합에서 마련한 연수에 흥미가 당겨서 참여한 일이 계기가 되었죠. 요가에도 여러 가지 유파가 있는데요. 내가 연수에서 배운 것은 철학자이기도 한 사호다 쓰루지 선생님이 시작한 요가입니다. 강습회에서는 선생님의 제자가 지도했지만요. 여하튼 한동안 계속하다 보니까 나도 모르게 요가에 푹 빠졌답니다.

요가라고 하면 대다수는 몸을 유연하게 사용해서 아크로바틱한 포즈를 취하는 것이라고 오해하던데요. 요가에서 중요한 건 호흡법과 명상이에요. 나는 남들이 스트레칭하는 정도로만 몸을 뻗을 수 있습니다. 좀 많이 뻣뻣한 몸이에요. 무려 50년이나 요가를 했는데도 어려운 포즈는 전혀 취할 수 없죠. 그래도 호흡법과 명상만으로도 요가의 혜택은 충분히 얻을 수 있다고 생각해요.

사실 호흡법이라고 해도 특별한 것은 아니고 대게 쉬워요. 코로 숨을 크게 들이마신 후 일단 단전에 공기를 모아서 이를 입으로 내쉬면 돼요. 숨을 내쉴 때는 한 번에 깊이 내쉬지 않고 조금씩 내뱉는 거죠. 마지막으로 머리 꼭대기에서 숨을 멈추는 의식을 가지면 뇌가 활성화된다고 합니다. 호흡은 온몸을 움직이는 에너지의 근원이기 때문에 활력도 생겨요.

요가 명상에는 다양한 방법이 있는데요. 나는 가장 편한 자세인 바닥에 책상다리를 하고 앉아서 등을 쭉 편 상태로 눈을 지그시 감기만 하는 단순한 방법을 실천하고 있습니다. 그 상태로 명상에 들어가면 스트레스가 단숨에 풀리죠.

호흡법과 명상으로 쓰는 시간은 총 30분 전후에요. 몸과 마음이 얼마나 시원해지는지 몰라요. 오늘 하루도 힘차게 시작할 수 있도록, 기분이 밝아질 수 있도록, 한번 시도해 보세요.

# 3장

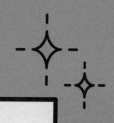

# 92세에도
# 말 좀 통하는
# 선배

# 먼저 인사하는
# 선배

인사는 청소와 마찬가지로 소통의 가장 기본입니다. 고객에게는 인사를 잘할 수 있는데 직장에서는 머뭇거리는 사람도 있지요. "좋은 아침입니다. 수고하셨습니다." 혹시 이런 말들을 아끼고 있나요? 가벼운 마음으로 밝게 주고받으면 분위기가 훨씬 부드러워질 거예요. 지금 당장 실행해 보세요. 밝은 인사 한마디로 적절한 긴장감 속에 안정적인 소속감이 뒤섞여서 자유롭게 말할 수 있는 분위기가 될 수도 있어요.

자유롭게 말할 수 있는 분위기가 되면 뭐가 좋을까요?

대화를 나누는 동안 서로 자극을 받고 새로운 아이디어와 업무상 실수에 관해 솔직하고 허심탄회하게 털어놓을 수도 있지 않을까요? 또한 함께 오래 일한 부하 직원이 인사하는 목소리만 듣고도 '오늘은 목소리가 기운이 없네. 바빠서 힘든가?'라며 살뜰히 살필 수 있을 거예요.

코로나19로 한 동안 회사에서 마스크를 낀 채로 일했는데요. 또 감염 예방하기 위해서 대화도 딱 필요한 만큼만 최소한으로 끝내라는 지침이 있는 곳도 있었고요. 그때는 마스크 너머로 눈과 눈을 맞춰서 가볍게 인사하는 것만으로도 좋았어요. 거기에 작은 목소리로 '좋은 아침입니다'라는 인사까지 받게 되면 더 따뜻하고 애틋하게 느껴졌던 것 같습니다.

이젠 마스크도 벗을 수 있으니 활기차게 인사합시다. 내가 선배라면 먼저 인사를 건네보세요. 내가 모범을 보여서 인사를 했는데, 직장 전체에 인사하는 습관이 퍼진다면 얼마나 기분이 좋겠어요. '인사하자'는 잔소리보다 백배는 효과적일 거예요.

오늘도 일이 즐거운
92세 총무과장

이건 좀 다른 얘긴데, 인사도 건네지 않는 선배가 '언제든지 상담해 주겠다'고 말하면, 너무 거짓말 같지 않을까요? 최소한 "좋은 아침입니다."라는 말이라도 건네야 믿겠죠. 기억하세요. 인사를 건네는 그 순간부터 진정한 소통이 이루어집니다.

# 덧붙인
# 한마디의 마법

나는 평소에 업무 얘기를 하기 전에 인사말을 덧붙여요. 신입 시절부터 해오던 꾸준한 습관이죠. 특히 아침 첫인사를 중요하게 생각해요. 어제 부탁받은 서류를 아침 일찍 직속 상사에게 들고 간다고 하면 나는 이렇게 해요. 상사 눈을 보고 "좋은 아침입니다. 어제 요청하신 서류 다 됐습니다." 이 사소해 보이는 습관이 상대의 기분을 풀어줘서 소통이 굉장히 편해져요. 눈을 보며 인사하는데 그 인사를 거절할 사람은 없어요.

바쁜 나머지 아침부터 컴퓨터 화면을 노려보며 일하는

상사는 "서류 다 됐습니다."라는 말을 듣고도 "고마워요." 라고 대답할 뿐 더 이상의 대화를 이어가려고 하지 않습니다. 그런 상태로는 상사가 눈앞의 일에 얽매여서 당신이 작성한 서류를 훑어보는 것을 뒤로 미룰 우려도 있어요. 그럴 때 '좋은 아침입니다'라는 인사를 더하기만 해도 기적이 일어납니다.

바빠서 아침부터 마음의 여유가 없었던 상사도 "좋은 아침입니다."라는 부하 직원의 인사를 들으면 반사적으로 컴퓨터 화면에서 고개를 들고 눈을 맞춥니다. 믿어보세요. 진짜예요. "좋은 아침이에요. 어제 부탁한 서류군요. 빨리 끝냈네요. 고마워요."라고 답할 거예요.

아침부터 바빠서 긴장한 상사도 자연스러운 인사를 주고받는 것만으로도 호흡이 편안해지고 한숨을 돌릴 수 있습니다. 또 부탁한 서류에 주의를 기울이게 되어 관련 업무를 순조롭게 진행할 수 있고요.

우리가 잊지 말아야 할 것은 인사하는 습관은 상대뿐만 아니라 스스로에게도 긍정적인 작용을 낳는다는 거예요. 인사를 나누면 인사한 쪽이나 받은 쪽 모두 마음이 따뜻해져요. 지금부터 과학적인 근거를 알려줄게요. 사람과 사람이 접촉하면 행복 호르몬, 옥시토신이 분비된대요. 인사도 접촉이니까 인사를 많이 할수록 옥시토신이 마구 분비되겠죠? 이 옥시토신은 스트레스를 풀어주는 작용을 한대요. 또 이 옥시토신이 잔뜩 분비되면 신뢰 관계가 돈독해진대요. 그러니까 우리 여기저기 행복 호르몬을 뿌려보자고요.

# 하고 싶은 말
# 잘하기

회사원에게 말하기와 듣기는 중요한 능력이죠. 업무의 기본은 상대의 요구와 불만을 듣고 파악하는 것이에요. 여기에 어떤 제안을 할 수 있는지 알기 쉽게 전달하는 기술도 요구되고요. 게다가 말할 때는 자신의 생각과 전하고 싶은 말을 정리하는 능력도 필요합니다. 종잡을 수 없는 이야기를 늘어놓으면 상대가 무슨 말인지 몰라 피하고 싶겠죠. 이럴 땐 방법이 있어요. 말할 내용이 머릿속에서 정리가 안 되면 종이에 조목조목 메모하는 거예요. 길고 화려한 문체를 구사할 필요는 없어요. 포인트만 짚어주면 충분

해요.

또 어떤 순서로 말하면 잘 설명될지 고려해서 순서대로 구성해서 그 메모를 바탕으로 상대와 대화하는 거예요.

- 전할 말을 간단한 목록으로 정리에서 종이에 적는다.
- 목록을 상대에게 전하기 쉬운 순서대로 배열한다.

무엇인가를 전달하려면 준비가 중요합니다. 그리고 자신감을 갖고 전하면 듣는 사람 또한 중요한 이야기구나 싶어서 경청하는 자세를 취하게 되지요. 그러고 보니 사람의 마음을 사로잡는 정치가 대부분은 연설할 때 가슴을 쭉 편 채 자신감 넘쳐 보이는 자세를 갖췄던 게 기억나네요. 어딘지 모르게 자신감이 없어 보이는 사람이 하는 말은 귀에 잘 들리지 않는 거 같아요. 자신감을 갖지 못하는 이유는 성격보다는 말할 내용이 머릿속에 정리가 안 됐기 때문이에요. 말주변이 없고 소극적인 사람도 말할 내용과 순서가 정해져 있으면 불안감이 줄어들어서 어느 정도 자신감을 갖고 말할 수 있습니다.

말할 내용만큼이나 중요한 것은 이를 전달하는 방식이에요. 심리학에서는 의사소통을 하는 동안 언어 정보(말할 내용)가 주는 영향이 고작 7퍼센트라고 합니다. 그래서일까요. 나가마쓰 시게히사의《말버릇을 바꾸니 운이 트이기 시작했다》가 베스트셀러가 된 이유 말이에요. 여하튼 나는 말할 내용이 주는 영향이 7퍼센트뿐이라고는 생각하지 않아요. 모처럼의 실속 있는 이야기가 상대에게 통하지 않으면 아깝잖아요. 내가 생각하는 말하기의 포인트 네 가지를 말해볼게요.

### ① 큰소리로 밝게 천천히 말한다

말할 내용에 자신감을 갖지 못하면 목소리가 작고 어두워지며 말의 속도가 빨라지기 쉽습니다. 자신감을 갖고 큰 목소리와 시원시원한 태도로 밝게 천천히 말해보세요. 강한 의지를 갖고 중요한 내용이니까 반드시 잘 전달하겠다고 생각하면 자연스레 성공할 것입니다.

### ② 상대의 눈을 보며 말한다

눈빛만 보고 알 수가 있다는 말이 있듯이, 눈으로 이야기해 보세요. 눈과 눈을 맞추면 상대는 내가 하는 이야기를 놓치지 않으려고 진지하게 귀를 기울일 거예요.

### ③ 큰 동작을 섞는다

말 말고도 몸짓, 손짓 등 비언어적 정보도 상대에게 큰 영향을 미쳐요. 큰 행동으로 상대의 주의를 끌어서 흥미와 관심을 높일 수도 있겠죠. 그런데 주먹을 쥐면 공격적으로 보일 수 있으니 주의하세요. 손바닥을 펴고 가슴도 활짝 열어서 상대의 경계심을 풀어보세요.

### ④ 웃는 얼굴을 한다

마지막으로 중요하게 생각해야 할 부분은 웃는 얼굴이에요. 방긋방긋 웃으며 말하는 사람을 보고 나쁜 인상을 갖는 사람은 없어요. 인상 좋은 사람이 말하는 내용이라면 머릿속에 한층 더 잘 들어올 것 같지 않나요.

# 말을 잘하는 사람은
# 남의 말을 잘 듣는다

영어를 배울 때 '스피킹(말하기), 리스닝(듣기), 라이팅(쓰기), 리딩(읽기)'으로 쪼개서 배우기도 합니다. 그중에서도 듣기는 배움의 바탕이 됩니다. 어린아이가 부모의 말을 듣고 배우는 것과 같은 이치예요. 그래서 말을 잘하는 사람은 듣기도 잘하는가 봐요.

잘 들어서 말하는 상대를 차분하게 관찰하면 능숙하게 말하기 위한 힌트를 많이 얻을 수 있습니다. 또한 남의 말을 잘 듣게 되면 그만큼 정보가 축적되기 때문에 내가 할 말도 알차지겠죠.

남의 말을 잘 들으려면 다음의 네 가지 포인트가 중요
하다고 생각합니다.

### ① 이야기를 빼앗지 않는다

이야기를 들을 때는 철저히 듣습니다. 술집에서 나누는
시시한 이야기라면 말하는 사람과 듣는 사람이 혼연일체
가 되는 것도 좋지만 비즈니스 현장에서는 안 돼요. 상대
가 말하는 것을 방해하지 말고 조심스러운 태도로 귀 기울
여 이야기를 들으세요.

### ② 맞장구를 친다

말하는 도중에 참견하는 행동은 좋지 않지만 그렇다고
아무 말 없이 무표정으로 들으면 곤란해요. 가만히 있기만
하면 상대는 말이 잘 전달되고 있는지 불안함을 느낄 수밖
에 없어요. 조용히 고개를 끄덕이거나 '응, 그래' 등으로 맞
장구를 치세요. 그러면 상대는 기분 좋게 끝까지 계속 말
할 거예요. 물론 고개를 끄덕이거나 맞장구를 칠 때는 상
대의 눈을 봐야겠죠.

오늘도 일이 즐거운
92세 총무과장

### ③ 몸을 앞으로 살짝 내민다

누가 내 얘기를 의자 등받이에 기댄 자세로 삐딱하게 앉아서 들으면 어떨까요? 기분이 상할 거예요. 상대도 마찬가지예요. 또 자세가 나쁘면 호흡이 얕아져서 뇌 기능이 저하되기 때문에 중요한 내용을 놓칠 수도 있어요. 등을 곧게 펴고 가슴을 활짝 열어서 깊고 조용한 호흡을 하며 이야기를 들으면 여러모로 좋겠죠.

또 사람은 이야기에 흥미를 느끼면 무의식적으로 말하는 사람 쪽으로 몸이 기울어진대요. 나도 모르게 앞에 앉아 있는 상대에게 몸을 기울였다면, 상대가 지금 무척이나 흥미로운 얘기를 하는 중이란 뜻이에요. 그러니까 조금은 의식적으로 말하는 사람 쪽으로 몸을 기울이면 상대는 '내 이야기에 관심을 보인다'고 느끼게 될 거예요.

### ④ 필요하다면 메모한다

상대가 하는 이야기의 포인트나 잊고 싶지 않은 부분은 조금 귀찮더라도 메모하세요. 내가 집중한다는 것을 상대가 금방 알아챌 수 있고, 나도 기억하기 쉽고 일석이조예요. 중요한 내용일 경우 녹음하는 방법도 좋습니다.

# 업무 보고가
# 유쾌해지는 비결

일본 비즈니스 환경에서 보고[報告], 연락[連絡], 상담[相談]은 매우 중요해요. 흔히 이 세 요소의 앞 글자를 따서 호렌소[報連相]라고 말합니다. 호렌소는 1982년 당시 야마타네증권(현 SMBC닛코증권)의 사장, 야마자키 도미지 씨가 명명해서 유명해진 말이죠. 조직에서 일을 원활하게 진행하려면 서로 활발히 소통해야 하는데, 이를 위해 호렌소가 중요한 역할을 한다고 보는 거죠.

나는 일의 목적과 마감을 확인하는 것이 가장 중요하다고 생각합니다. 우선순위에 따라 무엇을 어떻게 진행할지 정해지기 때문인데요. 맡은 일을 하다가 의문이 들거나 마감까지 끝내지 못할 것 같을 때 호렌소가 빛을 발하죠. 일을 발주한 사람에게 일찌감치 호렌소를 하는 거예요. 일종의 업무 보고라고 생각하면 될 거예요. 일이 진행되는 상황을 자주 논의하고 보고하는 거죠. 이 방법이 상사와 부하 직원이라는 수직적 커뮤니케이션뿐만 아니라 함께 일하는 동료와 수평적 커뮤니케이션에도 얼마나 유익한지 몰라요. 이때 일의 내용, 진척 상황, 의문점, 성과 등을 기록하세요. 이 메모를 바탕으로 호렌소를 하면 되거든요.

입사해서 업무 보고의 중요성을 배운 신입 사원은 선배의 조언을 기록하는 게 일이 되기도 하죠. 그래서인지 사람들은 일에 익숙해질수록 업무 보고를 귀찮아하거나 기록을 게을리하는 거 같아요. 하지만 나는 아흔이 넘은 지금도 아무리 사소한 일이라도 메모하며 보고하는 일을 잊지 않으려고 노력합니다. 이게 정답이라는 건 아니지만, 내게 있어서 호렌소를 바탕으로 한 업무 보고는 큰 도움이 되었어요. 아흔둘이 된 지금도 초심을 잃지 않으려고 노력하는 중입니다.

일반적으로 업무 보고는 부하 직원이 상사나 선배에게 하는 것이라고 여기기 쉽습니다. 하지만 나는 일방통행으로 끝내지 않아요. 부하 직원이나 후배가 업무 보고를 하면 상사는 답인사를 해야 한다고 생각해요. 그게 좋아요. 상대가 업무 보고를 하면 아무리 바쁘더라도 고개를 들고 친절한 태도로 내 일처럼 들어주는 거죠. 그리고 '바쁜데 고마워. 그래, 잘해보자'라며 다정한 말을 건네는 편이에요. 또 의뢰한 일을 마감까지 잘 끝내면 '시간 맞추느라고 고생했어요. 정말 고마워요'라며 고마움과 격려의 말을 건네면 상대도 뿌듯한 얼굴을 하더라고요.

　　상사나 선배가 업무 보고에 답인사를 하지 않으면 부하 직원이 '지시한 방향이 맞나요? 일이 잘되었습니까?' 등으로 직접 물어봐도 괜찮아 보여요. 서로서로 업무 보고에 답인사를 하면 조직 커뮤니케이션이 활발해지겠죠? 소통이 잘되게 해서 조직을 활성화하고 실적도 좋아질 수 있으니, 이것도 일석이조, 일석삼조라고 할 수 있어요.

## 상담에는
## 선후배가 따로 없다

호렌소 중에서도 상사나 선배에게 상담이 매우 중요하다고 보는데요. 문제 해결에 대한 상담도 많고요. 이해하지 못한 일에 관한 상담도 그만큼 많아요. 묻는 것은 잠깐의 수치, 묻지 않는 것은 평생의 수치라는 말도 있잖아요. 모르는 건 부끄러운 게 아니에요. 물어봐서 문제를 파악하고 일을 제대로 수행하는 게 중요하니까, 모르면 무조건 물어보세요.

묻기 전에 무작정 '다 몰라요' 할 수는 없으니까, 먼저 아는 것과 모르는 것을 잘 생각해야 해요. 그다음 이해하는 것과 이해할 수 없는 것을 분류해서 머릿속을 정리하세요. 이 경계들을 잘 모르면, 내가 묻는 걸 상대가 무슨 소린지조차 이해할 수 없거든요.

아는 척, 이해한 척하면 나중에 크게 돌아올 수 있어요. 상당 부분 나쁘게 돌아오죠. 모든 걸 다 아는 사람은 없답니다. 모르면 물어보세요. 이해하지 못해 진행할 수 없으면 솔직하게 상담하세요. 상담을 하면 의문점이나 고민이 해결되고 소통이 한층 더 원활해진답니다. 상담을 받은 쪽도 도움을 줄 수 있어서 기쁠 거예요. 지금으로부터 50년쯤 전에 내가 신입 과장이었던 시절이에요. "과장님, 시간 괜찮으세요? 제가 복잡한 일이 있어서요."라는 말을 듣고 매우 반겼던 기억이 있습니다.

상담하고 공부하는 것에는 나이, 직무, 성별도 상관없습니다. 또한 상담은 꼭 후배가 상사나 선배에게 하는 일방통행이 아니에요. 상사나 선배가 후배에게 상담해도 좋습니다. 나도 컴퓨터 조작 등으로 난처한 일이 생기면 내 자리 근처에 있는 후배에게 "잠깐 도와줄 시간 돼?"라고

**122** ——

오늘도 일이 즐거운
92세 총무과장

부탁하곤 해요. 내가 해결하지 못하는 문제가 생겼을 때 후배에게 도움을 청하는 것이죠. 그 친구도 잘 모르면 잘 아는 사람에게 대신 물어보기도 하고, 정말 좋답니다.

손주뻘 되는 직원에게 마음 편히 의지할 수 있는 것은 일종의 내 처세술이에요. 사실 평소에도 잘 소통하기 때문에 이런 부탁이나 상담이 가능한 거라고 생각해요. 그런 밑바탕이 없으면 뭘 묻고 싶어도 시작하기 어렵잖아요. 상대가 바빠 보인다면 "바쁜데, 미안해."라며 상대의 상황에 공감하는 것도 잊으면 안 돼요.

# '미안해요'보다는
# '고마워요'를

자주 나쁜 면만 생각하는 부정적인 사고가 버릇이 들면 사고방식뿐만 아니라 행동도 소극적으로 바뀌기 쉬워요. 작은 실패도 피하고 싶은 나머지 새로운 도전에 임하기도 전에 미온적 태도를 보이고 마는 거죠. 나는 모든 일을 긍정적으로 받아들이려고 노력해요. 그게 버릇이 되어서인지 사소한 실패는 두렵지 않더라고요. 그래서 모든 일에도 긍정적으로 도전할 수 있던 것 같아요.

부정적인 사고를 긍정적으로 바꿀 작은 요령을 알려줄

오늘도 일이 즐거운
92세 총무과장

게요. 가장 쉬운 방법은 '미안해요'를 '고마워요'로 바꾸는 거예요.

'미안해요'는 부정적인 말이라고 생각해요. 이 말이 입버릇이 되면 나도 모르는 사이에 부정적인 사고에 빠지기 쉽습니다. '고마워요'는 긍정적인 말이며, 늘 입에 달고 살면 무의식중에 긍정적인 사고를 할 수 있는 장점이 있습니다. 예를 들면, 회사 엘리베이터에서 문이 닫히지 않게 버튼을 눌러준 사람이 있다고 생각해 보세요. 그럴 때 '기다리게 해서 미안합니다'라는 말을 하지 않나요? 원래 이 상황은 사과할 때가 아닙니다. 문을 열고 기다려준 사람에게 고마운 상황이죠. 미안하다는 말을 건네며, 문을 열어준 사람을 살펴보세요. 아마 말없이 고개를 끄덕일 겁니다. 그런데 그 사람에게 '고마워요'라고 말을 건네면 어떨까요? 아마도 미소를 살짝 보일 거예요. 이제 무슨 말인지 알겠죠?

우리는 나도 모르는 사이에 고마운 상황에서도 미안하다는 부정적인 말을 쉽게 내뱉고 있던 거예요. 사과해야 할 때를 제외하고는 모두 '고마워요'를 말해봅시다.

아침에 집을 나설 때 오늘은 '미안해요'를 사용하지 말자고 다짐해 보세요. 집에 올 때까지 고맙다는 말을 많이 한다고 마음속으로 되뇌는 거예요. 마치 게임하듯이 도전하면 부정적인 사고가 어느샌가 긍정적인 사고로 바뀐답니다.

오늘도 일이 즐거운
92세 총무과장

# 잔소리, 옛날이야기,
자랑하기는 꼰대의 지름길

상사나 선배가 되어서 젊은 사원의 이야기를 들을 때는 귀가 아니라 마음으로 들어주세요. 회사나 일에 대한 다양한 아이디어가 무궁무진할 거예요. 그럴 때 귀로 들으면 오래 산 티를 내고 싶은 마음이 스멀스멀 올라올 수도 있어요. 그건 허황된 꿈이라며 지적하고 싶기도 하고요. 그런데 마음으로 들으면 마음에 깊이 남아서 '열정적으로 말한 그 젊은 사원을 지원하고 싶다'라는 생각이 든답니다. 정말이에요. 한번 마음으로 들어보세요. 생각에만 머물러 있으면 안 됩니다. 현실에서 평소에 노력하지 않으면 정작 기회가 왔을 때 놓치기 쉬우니까요.

상사나 선배는 잔소리, 옛날이야기, 자랑을 늘어놓지 않도록 단단히 주의해야 합니다. 배우 다카타 준지도 같은 말을 했더라고요. "젊은 사람과 말할 기회가 있으면 선배는 젊은 시절의 무용담이나 자랑을 늘어놓기 쉽다. 진실인지 아닌지 검증할 방법이 없는 탓에 이야기를 얼마든지 부풀릴 수 있기 때문이다."

나이가 들면 옛날이야기는 잘 기억나는데, 최근에 한 말을 쉽게 잊어버리는 거 같아요. 이미 말했다는 것을 깜빡 잊고, 똑같은 이야기를 여러 번 반복할 때가 많아요. 누구나 처음 들었을 때는 흥미를 갖겠죠. 하지만 반복적으로 말한다면, 상대는 저 사람 왜 저러지 싶을 거예요. 나 역시도 누가 물어보지 않는 한 쓸데없이 얘기하지 않으려고 조심하고 있어요. 가끔은 나도 모르게 주절거리지만 그래도 정신 똑바로 차리려고 노력하고 있답니다.

만약에 오래된 실패담을 말할 기회가 생긴다면 어떻게 해야 할까요? 실패에서 결론을 내면 안 된다는 것을 꼭 기억하세요. 실패는 했지만 그 경험을 어떻게 보완해서 성공했는지까지 말해야 합니다. 이건 정말 중요해요. 실패는 잘못이 아니지만 빈번히 실패담을 늘어놓다가는 내가 실패에 무던한 사람으로 비춰질 수 있어요. 실패에서도 무엇인가 배운 사람이라는 걸 꼭 보여주세요.

# 뜨거움을
# 가슴에 담고

2000년대 초반 한신 타이거즈 감독 호시노 센이치가 '이
길 거야'를 구호로 내세웠어요. 그렇게 2003년 드디어 18
년 만에 센트럴 리그에서 팀을 우승으로 이끌게 되었어요.
그때 호시노 감독이 한 말이 기억에 남아요. "더 욕심을 내
고 싶다. 힘을 다 발휘하지 않았다. 나는 좀 더 욕심을 내고
싶다!" 내가 메모한 내용이라서 실제 한 말하고 조금 차이
가 있을 수 있어요.

사실 나는 오사카에서 태어날 때부터 한신 팬입니다. 50
대 정도까지는 일이 끝난 다음 고시엔구장까지 종종 응원

하러 갔습니다. 그런데 나를 뺀 가족들은 무슨 이유인지 죄다 요미우리 자이언츠 팬입니다. 오사카 사람이라고 해서 무조건 한신 팬은 아닌 거죠. 여하튼 그동안 요미우리 자이언츠 팬으로 가득한 가족 사이에서 주눅이 들었던 건 사실이에요. 하지만 그날 18년 만의 우승으로 그 설움이 싹 가셨답니다. 일개 팬인 내가 이토록 기뻐했으니 선수와 감독은 얼마나 기뻤겠어요. 그래도 호시노 감독은 만족하지 않고 불타오르는 열정을 표현했던 거예요. 기쁨의 절정에서도 더 위를 바라보는 것을 잊지 않는 자세에 내 마음도 덩달아 격렬하게 요동쳤죠. 요미우리 자이언츠나 지금의 소프트뱅크 호크스 같은 우승 경험이 많은 구단이 아니었잖아요. 어쩌다 한 번, 그것도 18년 만에 우승한 구단을 이끄는 감독의 말이었기 때문에 가슴에 더 꽂혔던 거 같아요.

야구뿐만이 아니에요. 어떤 상황에서도 뜨거운 열정을 놓지 않는 사람은 호시노 감독처럼 많은 사람의 마음을 사로잡을 수 있습니다. 일개 사원이라도 큰 희망을 품고 열정적으로 일한다면 주변에선 박수를 보내고 도와줄 거라고 확신합니다.

# 반야심경 외우기

매일 아침 요가 명상을 끝내고 나면 반야심경을 외웁니다. 그런 습관은 누가 알려준 것이 아니라 내가 스스로 익히기 시작해서 몸에 붙은 습관이 되었어요. 내 안에서는 요가 명상과 반야심경이 하나로 이어져 있습니다. 요가와 반야심경이 무슨 관련이 있는지 사실 잘 모릅니다. 요가와 반야심경 모두 인도에 뿌리가 있으니 어떤 관계가 있을 거라고 막연히 생각한 적은 있습니다.

내가 따르는 사호다 쓰루지 요가 선생님이 《반야심경의 진실》이라는 책을 썼습니다. 명상에서는 마음을 진정시켜서 자신을 무無의 상태로 가져갑니다. 그리고 반야심경에서는 모든 것은 공空, 즉 비움이라는 가르침을 줍니다. 사실 내게는 이 두 가지가 같은 거라고 느껴집니다.

반야심경을 외우는 방법은 회사의 연수로 가게 되어서 20년 정도 다닌 절에서 배웠습니다. 반야심경을 외우는 방법에는 다양한 방법이 있는데, 나는 연수에서 배운 방법이 몸에 뱄습니다. 내가 하는 방법을 알려줄게요. 10분 정도 들여서 천천히 외우는 겁니다. 천천히 목소리를 내뱉으면, 숨을 크게 내쉬고 들이마시게 됩니다. 그러면 몸의 구석구석까지 힘이 가득 차 넘치는 느낌이 들죠.

사람들은 내가 꾸준히 요가 명상을 하고 반야심경을 읽는 것에 놀라워합니다. 그렇지만 습관이 되면 크게 어려운 건 없습니다. 이 내 오랜 습관은 기분이 좋아지게 하고 마음이 진정되어 새로운 하루를 상쾌하게 시작할 수 있게 도와줍니다. 기분이 좋으니까 저절로 계속하게 되고, 지금까지 이어진 거죠.

어쩌다가 한 번 빼먹으면 몸도 마음도 찌뿌둥해져서 멈출 수가 없답니다.

4장

# 오늘도
# 손톱만큼
# 자라볼까?

# 착실하게 한 단계 위를
## 목표로 삼는다

"현재 상태에 안주하지 않고 한 단계 위 목표를 향해 끊임없이 도전하자." 이 말은 우리 회사 사훈입니다. 우선 사장님부터 몸소 실천하고 있지요. 한번은 출하 관리 시스템을 개량하겠다고 마음먹고 시스템 엔지니어와 협력해서, 회사의 독자적인 프로그램도 손수 만들 정도였어요. 이 프로그램으로 특허도 취득했답니다.

회사 대표가 이런 태도를 보이기 때문에 사원도 더 좋은 아이디어가 어디 없는지 늘 생각하는 거 같아요. 우리는 무역 회사라서 제조사에서 제품을 받아 이를 판매처인

이용자에게 출하하는 것이 기본 업무예요. 그렇기 때문에 프로그램에 의존하는 정도가 큰 편이죠. 지금도 좀 더 쓰기 편리하고 유용한 방법을 찾아서 개량을 거듭하며 날마다 끊임없이 발전하고 있습니다.

더 높은 목표는 참으로 좋지만 주의할 점도 있어요. 너무 무리하게 두 단계, 세 단계를 한꺼번에 건너뛰겠다고 욕심 부리는 거예요. 너무 높은 목표를 세울 경우에는 한번 도전해서 안 된다 싶으면 일찌감치 포기하게 되거든요. 좌절하면 실패한 경험이 마음에 새겨지니까 그다음부터는 도전하려는 의욕마저 사라질 수가 있죠.

그래서 현재 상황에서 바로 윗단계를 목표로 삼는 것이 현명합니다. 계단도 하나씩 차근차근 올라가야 안전하잖아요! 한 단계 위를 목표로 삼으면 어느 순간 두 단계, 세 단계 위도 발 아래 두게 되지요. 두세 계단씩 건너뛰어서 올라가려고 하면 한두 번이야 운 좋게 성공하겠지만 언젠가는 넘어져서 다치겠죠.

헤이안 시대의 서예가 오노 미치카제가 개구리를 보고 용기를 얻었다는 일화가 있어요. 어렸을 때 도덕 시간에

들은 이야기예요. 일본식 서예의 기초를 만들었다는 이도 한때는 자기 재능에 의문을 느끼고 고민했던가 봐요. 그는 비가 쏟아지는 날, 일이 안 풀려 답답한 마음에 산책을 나갔대요. 그 길에 물이 불어나서 오도 가도 못하는 개구리 한 마리가 버들가지에 올라타려고 애쓰는 모습을 본 거죠. 그는 그 모습을 보고 노력할 것을 노력해야지 하며 코웃음을 쳤답니다. 하지만 마침 바람이 불어와 버들가지가 개구리 쪽으로 다가갔고, 개구리는 그 순간을 놓치지 않고 버드나무에 뛰어올랐던 거죠.

그는 한낱 개구리도 자신에게 온 우연을 놓치지 않고 성공으로 바꾸는 것을 보고 부끄럽다는 마음이 든 거죠. 또 잠깐 이야기가 빗나갔는데요. 하고 싶은 말은 이거예요. 그 개구리가 조금이라도 더 높은 곳에 버들가지를 골랐다면 아마 성공하지 못했을 거예요. 더 높은 가지로 뛰려고 이른바 두 단계, 세 단계나 위로 뛰었다면 빗물에 휩쓸렸겠죠.

## 성공 체험을
## 주위와 공유한다

작은 시도로 일구게 된 작은 성공일지라도 그 경험을 최대
한 주위와 나누세요. 사람은 자신의 성공을 자랑하고 싶어
하는 마음이 있기도 하지만, 경쟁 심리로 성공한 경험을
최대한 감추고 싶어 하는 마음도 있죠. 하지만 과감히 그
런 마음에서 벗어가 주변에 공개해서 많은 사람이 알게 하
면 좋습니다.

셋이 길을 가면 거기에는 반드시 스승이 있다고 하잖아
요. 혼자만 한 단계 위로 올라가기보다는 팀 안에서 정보
를 공유해서 함께 길을 걷는 거예요. 목표를 향해 함께 간

오늘도 일이 즐거운
92세 총무과장

다면 더 짧은 기간에 더 많은 것을 얻을 수 있어요. 성공 체험을 주위와 공유하면 '여기는 이렇게 바꿔야 더 좋아진다, 이쪽이 업무 효율을 더 올릴 수 있다' 등 스스로는 생각하지 못한 아이디어를 얻어서 팀은 물론 자신에게도 유익한 결과를 얻게 될 거예요.

넓은 관점으로 업계 전체의 발전을 희망하며 함께 시장의 규모를 키운다고 생각해 볼 수도 있겠고요. 동종 업계에 있는 타사가 우리를 따라 한다고 해서 나쁘게 볼 것만은 아닌 듯해요. 예를 들면, 우리 회사에서는 1972년 업계 최초로 물류센터에 입체형 자동창고 시스템을 도입했어요. 자동창고란 상품의 입고, 보관, 출하를 일원적으로 관리해 무인으로 움직이는 시스템을 말해요. 시스템이 성공적으로 자리 잡자 이를 본 경쟁 업체들이 너도 나도 자동창고 시스템을 도입했지요. 선구자였던 우리는 그 상황을 지켜보며 '경쟁사의 반응이 이 정도라니, 자동창고의 편리성이 정말로 중요했구나'라고 확신했어요.

물론 우리는 거기서 멈추지 않았죠. 더 앞으로 나아갈 수 있다는 자신감이 넘쳤어요. 다시 업계에서 우리의 저력을 보여줄 희망에 부풀어 지치는 줄도 모르고 연구에 몰두했죠. 실제로 1992년에는 컴퓨터 시스템을 이용한 자동창고관리 시스템을 선보였고, 2007년에는 자동관리 시스템을 팰릿에 적용해 보였습니다.

이는 회사뿐만 아니라 개인도 마찬가지예요. 내 작은 성공을 경쟁 상대가 모방했다고 해도 '나는 또 그보다 더 높은 목표를 이룰 수 있지'라는 마음으로 다시 신나게 일하면 되니까요.

## 칭찬은
## 고래도 춤추게 한다며

성장하고 싶으면 일단 목표를 작게라도 세워보세요. 아무리 작은 목표라도 이를 달성하면 무엇보다 기분이 좋아지고 자신감이 생깁니다. 그 자신감이 다음 단계 도전에 필요한 의욕을 끌어내지요. 이 선순환이 결국 성장을 향한 풍부한 밑거름이 됩니다.

아울러 상사나 선배의 말은 성장 속도에 큰 영향을 줍니다. 즉 사람은 칭찬받으면 기분이 좋아져요. 평소에 후배가 노력하는 모습을 잘 관찰해서 눈에 보이는 성과가 나타나면 기다렸다는 듯이 칭찬해 보세요. 칭찬 한마디로 후배가 일을 대하는 태도를 바꿀 거예요.

무슨 일이든지 눈에 보이는 성과로 나타나기까지는 보이지 않는 많은 노력이 필요하죠. 그래서 결과뿐만 아니라 "아무도 출근하지 않은 시간에 일찍 나와서 열심히 노력했네요."라며 노력의 과정을 칭찬하면 당사자는 '그런 부분까지 봤구나' 하며 감동합니다.


조카딸이 중학교와 고등학교 때 성적이 나빴어요. 고등학교 영어 시험에서 빵점을 맞은 적도 있다니까요. 물론 나도 성적이 좋은 편은 아니었지만 시험에서 빵점을 받은 적은 없어서 크게 놀랐었죠. 당시 조카딸 선생님은 거의 백지에 가까운 답안지를 살펴보던 중 뭔가가 희미하게 비치는 걸 발견했다고 해요. 뭔가 싶어서 뒤집어 봤더니 연필로 그린 선생님의 초상화가 있었어요. 아마도 시험 문제가 어려워서 반은 포기한 채로 그림을 그렸나 봐요.

선생님은 "내가 이렇게 잘생겼다고?"라고 깜짝 놀라며 칭찬을 하면서 "그림 그릴 시간이 있으면 앞으로는 문제를 풀어라."라고 타일렀답니다. 그러자 맹랑한 조카딸이 이렇게 대답했어요. "이해할 수 있게 가르치는 것이 선생님 일이잖아요. 제가 영어를 모르는 것은 선생님 방법이 잘못된 게 아닐까요?" 기가 막힌 변명으로 반항한 조카딸이지만 그림을 칭찬받아서인지 전과는 확실히 달라졌습니다.

칭찬받는 기쁨을 알려준 선생님 덕분에 성실히 공부하는 학생으로 완전히 바뀐 거죠. 조카딸은 고등학교를 무사히 졸업했습니다. 다행히 대학에 진학하고, 잘 졸업을 했습니다. 그리고 취직에도 성공해서 멋진 사회인이 되었습니다.

칭찬받고 싶어서 열심히 하는 것을 외적 동기부여라고 합니다. 외적인 요인에 동기가 있다는 뜻이죠. 월급을 많이 받고 싶어서 일을 열심히 하는 것도 외적 동기부여입니다. 처음에는 이러한 외적 동기부여라도 상관없지만 그것이 어느 순간 내적 동기부여로 바뀌면 계속성이 더욱 높아진다고 합니다.

반면 내적 동기부여는 외적인 요인이 아니라 자신의 내적인 요인이 행동을 재촉하는 것입니다. 하고 싶어서 하는 것, 좋아해서 하는 것이 여기에 속하겠죠. 이런 식으로 내면에서 솟아오르는 의욕이 행동의 원천이 되어 동기부여가 되는 거랍니다.

앞서 말한 봉사 정신으로 일하는 것도 내적 동기부여에 따른 것이에요. 시작은 칭찬받고 싶어서 열심히 하는 외적 동기부여였다 해도 괜찮아요. 지속성을 가지고 일과 공부의 즐거움을 깨달아 내적 동기부여로 바꾸면 되니까요. 그렇게 되면 모두가 지속적인 성장 궤도에 오를 수 있을 거라고 확신합니다.

# 월급이 적다고 느껴지면
## 성장할 기회

어차피 하는 일 월급을 많이 받으면 좋겠죠. 월급을 많이 주는 회사에 취직하고 싶은 것도 당연하고요. 가장 많은 이직 사유의 하나는 월급이 마음에 들지 않기 때문이라는 조사도 있을 만큼 월급은 참 중요해요.

나 같은 경우는 회사에 입사한 일이 하도 오래되어서 월급이 적고 많고를 두고 회사를 선택했는지 아닌지 잘 기억이 나질 않습니다. 다만 처음에 말했듯이 우리 사촌 언니 소개로 들어와서 마음을 붙이고 일하게 된 경우죠. 그렇다고 해도 지금까지 월급이 적다고 느낀 적은 없는 것 같습니다. 납득 가능한 인사 평가 프로그램이 있기도 하고 일에 따른 타당한 월급을 받고 있다고 생각하고 있어요.

그래서 말인데요. 만약에 내 월급이 적다고 생각해서 회사에 불만을 느끼거나 이직하고 싶은 마음이 있다면요. 결정을 내리기 전에 한번쯤은 '나에게 부족한 점은 없을까?'라고 생각해 보면 좋겠어요. 물론 저임금에 극단적인 장시간 노동이나 할당량을 부과하는 악덕 기업은 논외로 해야죠.

일반적인 회사원은 고정급이 보통이며 직무, 나이, 근속 연수, 회사에 대한 공헌 정도 등에 따라 월급이 정해집니다. 잔업 수당은 나오겠지만 시간제 아르바이트처럼 일한 시간에 비례해서 더 많은 월급을 받을 수 있는 것은 아니에요. 더구나 애초에 장시간 잔업은 좋게 평가하지 않는 분위기가 되었죠.

능력에 비해 나에 대한 회사의 평가가 낮고 월급이 적으면 자신이 성장할 기회라고 긍정적으로 받아들이면 어떨까요? 월급이 적다면 내가 잘한다고 믿었던 일의 평가가 상사의 관점에서 부족하게 느껴진 것일 수 있어요. 물론 아닐 확률도 크지만요. 또는 자신이 열심히 노력했다고 생각해도 객관적으로는 조금 부족한 것일 수도 있고요. 너무 의욕이 앞서서 세세한 것을 놓쳤을 수도 있으니까요. 가만히 시간을 두고 내가 부족한 점은 없었는지, 어떻게 하면 업무의 질이 지금보다 좋아질 수 있는지 따져보세요. 그때 가서 이직해도 늦지 않잖아요.

## 독서를 통해
## 배우자

독서는 내가 일생에서 중요하게 여기고 실천한 일 중에 하나입니다. 인간은 미완성인 존재예요. 회사의 업무를 개선하는 데 끝이 없듯이 인간도 스스로를 갈고닦음을 게을리하면 안 됩니다. 세상은 시시각각으로 변화하고 있어요. 계속 공부하지 않으면 나이가 들수록 뒤처질 수밖에 없어요. 그런 의미에서 독서는 아주 유용한 평생 학습 수단인 거 같아요.

어릴 때부터 책을 매우 좋아해서 지금까지도 매달 몇

권씩은 꼬박 읽고 있어요. 여동생과 둘이 사는 집에 300권 넘게 소장하고 있답니다. 소설이나 논픽션을 좋아하지만 경제·경영 도서도 자주 읽으며 스티븐 코비의 《성공하는 사람들의 7가지 습관》 같은 계발서도 빼먹지 않고 챙겨보는 편입니다. 〈주간 이코노미스트〉를 정기 구독하고, 신문도 매일 아침 읽고 있어요. 이는 사회 전체의 경향이나 일본 경제에 큰 영향을 주는 미국과 중국의 동향을 살피고 싶어서기도 해요. 언젠가 경제지를 정기 구독한다고 했더니 친구가 "야스코, 주식이라도 하는 거야?"라고 묻더군요. 사실 주식에는 관심이 없어요.

절약을 중요하게 생각하며 살지만 독서에는 돈을 아끼지 않아요. 오랫동안 종이로 된 책과 잡지를 읽었는데 요즘은 전자책이 참 좋더군요. 들고 다니기도 편해서 출퇴근 시간에도 손쉽게 책을 읽을 수 있다니, 그것도 수만 권을 들고 다니는 셈이잖아요. 참 좋은 세상이죠. 전자책이라면 책 놓을 공간도 필요 없고, 특히 검색 기능도 있어서 편리하게 사용하고 있어요. 이처럼 쉽고 편리한 환경이 마련되어 있으니 더할 나위 없이 책이 더 좋아집니다.

## 회사 밖에서
## 인맥을 넓힌다

40~60대 무렵에 사외 동호회 몇 군데를 열심히 다녔어요. 배우고 싶은 마음도 있었지만 다른 업종에서 일하는 사람을 만나보고 싶은 호기심 때문이기도 했어요. 회사에서 날마다 정해진 사람들하고만 있다 보면 나도 모르는 사이에 시각이 좁아지는 느낌이 들었거든요. 말하자면 우물 안 개구리에서 벗어나고 싶은 마음이었어요.

회사 밖에서 다양한 사람과 만나다 보니 자연스럽게 좁은 시각을 자각할 수 있는 계기가 생겼어요. 물론 인맥도

오늘도 일이 즐거운
92세 총무과장

넓어졌지요. 지금 회장님의 소개로 자주 참여하던 사외 동호회가 하나 있어요. 물론 지금도 나가고 있죠. 그 모임은 작은 출판사를 경영하는 사장님이 주최한 모임이에요. 주최자인 출판사 사장님이 워낙 발이 넓으셔서 각계의 유명 인사를 포함한 다양한 사람들이 참여해요. 식사를 하며 이야기를 듣고 지식도 넓힐 수 있어 참 도움이 많이 되는 모임입니다. 그 모임에서 SF 작가 마유무라 다쿠를 만나게 되었어요. 마유무라 씨도 나처럼 오사카에서 나고 자랐어요. 일본에서 영화화된《호시탐탐 학교》《수수께끼의 전학생》같은 작품으로 유명하지요. 마유무라 씨는 애석하게도 몇 년 전에 작고하셨지만, 그분에게서 많이 이야기를 들을 수 있었어요. 덕분에 그때까지 관심이 없었던 SF 소설을 읽게 되어 독서의 폭도 넓힐 수 있게 되었죠.

사외 동호회를 통해 인맥과 독서의 폭이 넓어진 덕분에 생각지 못한 곳에서 업무에 도움이 되었어요. 우리 회사에서 신규 채용을 위한 팸플릿을 처음 만들었을 때의 일이에요. 그전까지는 채용 대행사에 외주를 줬어요. 하지만 우리 회사에 맞는 인재를 직접 뽑고 싶다는 마음에 회사에서 직접으로 팸플릿을 작성했고 내가 그 책임을 맡았죠. 그때 나는 사외 동호회에서 알게 된 크리에이터들에게 사진 촬영과 디자인을 부탁했어요. 채용 팸플릿의 문구 작성과 채용 동영상 만들기에 일부 참여도 했고요. 비즈니스 서적을 비롯해 소설이나 논픽션 등 폭넓은 장르의 책을 꾸준히 읽은 덕택에 내 자신도 만족할 만큼 일을 무사히 그리고 무난히 끝마칠 수 있었어요.

오늘도 일이 즐거운
92세 총무과장

## 회사 안팎에
## 브레인을 구축한다

"나는 유행을 만드는 것이 아니에요. 내가 유행이에요." 고급 브랜드 샤넬의 창설자 코코 샤넬은 이렇게 말했어요. 대단한 자신감이죠. 그녀에게 탁월한 재능이 있고 자신의 길을 개척하는 활동력이 있었기 때문일 거예요.

그렇지 못한 나처럼 평범한 사람은 어쩔 수 없어요. 많은 사람의 도움을 받아야 합니다. 회사 안팎의 인맥으로 얻은 정보를 적극적으로 활용하는 거죠. 성장하는 회사원의 공통점은 뛰어난 소통 능력과 회사 안팎에 폭넓은 인적 네트워크를 갖고 있다는 점이에요.

우수한 정치가와 경영자가 늘 곁에 훌륭한 책사를 두는 것처럼 회사 안팎에서 구축한 네트워크는 우리 주변에 능력 있는 다수의 책사를 두고 있는 것과 유사해요.

하지만 그러기 위해서는 우선 필히 '그 사람은 믿을 수 있는 사람이라서 어울리고 싶다'는 생각이 들게 행동해야 해요. 이를 위해 염두에 두어야 할 점은 대략 네 가지예요.

① 욕하지 않는다.
② 약속을 지킨다.
③ 다른 사람의 성공에 기뻐한다.
④ 남을 돕는다.

① 자주 욕하는 사람과 친하게 지내고 싶은가요? 험담을 하면 부정적인 사고에 빠져서 모처럼 생긴 운도 달아납니다.

② 약속을 지키는 것은 무엇보다 중요해요. 늘 지각하거나 약속을 지키지 못하는 사람은 신뢰를 얻을 수 없어요. 역설적으로 말하자면 지키지 못할 약속은 아예 하지 않는 것이 좋습니다. 신뢰를 구축하기까지는 시간이 걸리

지만 잃는 것은 한순간이에요. 또한 한 번 잃은 신뢰를 회복하기란 쉽지 않지요.

③ 다른 사람의 성공을 질투하거나 왜곡하지 말고 자기 일처럼 기뻐하세요. 경쟁 관계에 있는 동료가 자신보다 좋은 실적을 올리면 솔직히 기뻐하기가 쉽지 않죠. 하지만 인생을 살아가면서 그 감정을 넘어서는 것은 상상도 못할 즐거움과 만족감을 가져옵니다. 다른 사람의 성공이 내 성공인 것처럼 진심으로 축하하세요.

④ 마지막으로 곤란에 빠진 사람을 도와야 해요. 이 마음을 늘 마음에 간직하세요. 어려움에 빠진 사람을 그냥 지나치지 않겠다는 마음을 지내고 생활하다 보면, 내가 어려움에 빠졌을 때 생각지도 않는 도움을 여러 사람에게서 받을 수 있어요.

이 네 가지의 공통점은 스스로 매력이 넘치는 사람이 되자는 것입니다. 나에게서 향기가 나면 꽃과 나비는 자연히 모여들게 된다지요.

# 한자검정시험 1급에
# 도전한다

우리 회사는 연수 업체와 계약해서 사원의 연수 비용을 회사가 전액 보조하는데요. 그 밖에도 본인이 부담해서 연수를 받거나 자격증을 취득하는 사람들도 많습니다. 어느 총무과 사원은 출산 휴가 중에 공부해서 위생관리사 자격증을 따기도 했어요.

위생관리사는 작업 환경의 위생 상태를 개선해서 질병 예방 조치 등을 담당·관리하는 자격을 갖춘 사람이에요. 코로나19 이후로 사원의 건강에 관심이 커지며 그 직원의 역할도 중요하게 되었어요.

또 어떤 총무과 사원은 경력 향상 세미나를 들었어요. 비용이 얼마냐고 물었더니 '모든 코스를 합해서 30만 엔 정도'라는 대답이 돌아왔죠. 상상을 초월한 고액에 깜짝 놀랐습니다. 그 사원은 신규 채용 담당으로 채용 계획부터 실제 활동까지 관여하고 있어요. 세미나에서 보고 배운 내용은 그 직무에 유용하게 쓰였지요. 회사 설명회를 진행할 때 물 흐르듯 나무랄 데 없는 일처리에 감탄했다니까요.

나는 지금까지 사회보험노무사 자격증에 여러 번 도전했지만 취득하지는 못했습니다. 사회보험노무사는 변호사, 변리사, 법무사, 행정사, 세무사, 토지가옥조사사(건물조사사), 해사 행정사와 함께 '사'자가 붙는 국가 자격이에요. 노동기준법, 노동안전위생법, 노동자재해보상보험법 등에서 8과목이 출제된답니다. 2021년에는 합격률이 7.9퍼센트, 즉 수험자 수가 3만 7,396명이고 합격자 수가 2,937명이니 상당히 어려운 시험이지요. 계속 도전하는 것 자체에 의미가 있다고 생각해서 아직 포기하지 않고 있어요.

지금 내가 여기저기 알차게 활용하고 있는 자격증은 한

자능력검정이에요. 예전에 회장님과 사장님의 편지를 대
필하는 업무도 있었기 때문에 한자를 모르면 안 되겠다고
생각해서 한자능력검정 2급을 취득했어요. 참고로 2급의
2021년도 1회 합격률은 24.6 퍼센트였어요. 조만간 합격
률 9.3퍼센트의 1급에 도전하고 싶어요. 그전에 한자능력
검정 준1급이라는 난관도 있어서 일단 그 자격을 취득하
기 위해서 공부를 계속하고 있답니다.

오늘도 일이 즐거운
92세 총무과장

## 주위 사람은
## 모두 나의 선생님

내 주위에 있는 사람을 스승이라고 생각하면 평범한 일상이 배울 것으로 가득 차는 기적이 일어난답니다. 존경할수 있는 상사와 선배는 친근한 선생님이며, 내 옆자리 동료와 친구, 가족도 나의 다정한 스승이에요. 누구든지 장점이 없는 사람은 없어요. 그 사람에게서 좋은 점을 배우는 자세를 취해보세요. 그 사람의 단점도 내게는 배울 점이에요. 반면교사로 생각하면 스스로 깨달을 수 있으니, 정말 모두가 다 나의 선생님이죠. 안 그런가요?

부하 직원의 수치를 드러내는 것 같지만 일화를 하나 소개할게요. 예전에 총무부에 있던 한 직원이 업무 능력은 출중하나 일할 때 의자 위에서 책상다리를 하고 앉아 있는 것이 문제였어요. 당연히 주위 사람들이 눈살을 찌푸렸죠. 나는 "그런 건 신경 쓰지 마세요. 내가 따라하지 않으면 됩니다."라며 불만을 진정시켰죠. 사실 나 또한 의자에 책상다리를 하고 앉아 일하는 모습이 유쾌하지는 않았어요. 그러나 '모든 사람이 나의 스승이다'라는 생각으로 '혹시 나도 말과 행동으로 남에게 불쾌감을 주는 부분은 없나?' 하고 나를 돌아보는 계기가 되었어요.

업무뿐만이 아니라 전철 안에서 매너가 나쁜 사람, 음식점에서 건방진 태도를 보이는 사람, 자동차로 난폭 운전을 하는 사람……. 고개를 들어 세상을 둘러보면 반면교사가 차고 넘치죠.

이러한 사람들과 만나면 불쾌하기는 하지만 그 사람에게서 배운다고 생각하면 관점이 달라지지 않을까요? 예고 없이 부딪히는 수많은 만남에서 매번 화내고 당장 해결책으로 향하기보다는 잠시 멈춰보세요. 시간을 두는 것이 자신을 돌아보는 계기가 될 거예요.

오늘도 일이 즐거운
92세 총무과장

# 험담하면
# 운이 달아난다

누누이 말한 거 같은데요. 나는 늘 긍정적인 생각을 하려고 노력합니다. 그러다 보면 일상을 밝고 행복하게 살 수 있기 때문이죠. 아울러 실패하더라도 '내일은 반드시 좋아질 것이다'라며 다시 시작할 수 있는 힘도 생기고요. 반대로 부정적인 사고는 실패를 기다렸다는 듯이 '열심히 해도 어차피 안 돼, 내일도 힘들겠지'로 향하게 해요. 원래 성공할 일도 실패할 것 같은 기분을 만들어요.

우리는 '미안합니다'를 '고맙습니다'로 바꿔서 부정적인 사고를 긍정적으로 바꿔보기로 했잖아요. 지금 여기에서는 부정적인 사고를 한층 더 긍정적인 사고로 전환하는 방법을 살펴볼게요.

대인관계에서 최대한 상대방의 장점을 보려고 노력하는 거예요. 인간이라면 누구에게나 장단점이 있어요. 장점만 있는 사람은 없으며 당연히 단점만 있는 사람도 없고요. 장단점이 있다면 최대한 상대방의 장점에 주목하세요. 그렇게 하면 긍정적인 사고로 이어질 거예요. 단점은 단점으로 반면교사를 삼자! 잊지 마세요.

다른 사람의 장점을 칭찬할 때는 얼굴을 마주보며 당사자에게 말하는 것도 좋지만 동료와 사소한 대화를 나누며 "그 사람의 웃는 얼굴을 보면 늘 힐링이 돼요."라고 말해보는 것도 좋아요. 그 말이 간접적으로 당사자에게 전해진다면 진심으로 기뻐하지 않을까요? 이렇게 전해질 거예요. "그 사람이 당신을 좋게 생각하던데."라고 말이죠. 이런 것을 '뒤에서 칭찬하기'라고 해요. 당사자가 없는 곳에서 험담하며 비난하는 것은 좋지 않지만 뒤에서 칭찬하는 것은 좀 귀엽지 않나요?

오늘도 일이 즐거운
92세 총무과장

무사태평해서 일에서는 늘 마감 기한에 겨우 맞추고 동료와 협조가 안 되는데다 청소까지 엉망이다⋯⋯. 이런 단점에만 주목해서 부정적인 말을 하면 결국 자신에게 돌아옵니다. 험담을 가장 많이 듣는 사람은 그 누구도 아닌 바로 자신이라는 것, 잊지 마세요.

반드시 험담을 해야겠다면 '험담을 하면 운이 달아난다는 각오'로 험담하세요.

단점에서 배우는 자세도 긍정적인 사고로 전환하는 계기가 됩니다. 그녀는 태평해도 바쁠 때 그 웃는 얼굴을 보면 힐링이 된다는 등 단점도 장점으로 받아들이면 긍정적으로 생각할 수 있겠죠. 자신의 장점은 키우고 단점을 장점으로 전환하는 것도 중요해요. 다음처럼 생각해 보면 어떨까요?

업무 속도가 느리다. → 착실해서 일을 꼼꼼하게 한다.
걱정이 많다. → 신중하다.
싫증을 잘 느낀다. → 호기심이 왕성하다.

이런 식으로 단점에 숨어 있는 긍정적인 부분을 이끌어
내서 장점으로 전환하는 습관을 들여봅시다.

오늘도 일이 즐거운
92세 총무과장

## 자연의 기를
### 듬뿍듬뿍

부정적인 사고를 긍정적으로 전환해서 성장하는 또 다른 방법은 자연의 기를 흡수하는 것이에요. 자연의 기를 흡수한다는 말이 낯설죠? 활기, 원기, 양기, 기력처럼 일상적으로 쓰는 긍정적인 말에는 이 '기'라는 말이 들어갑니다.

나는 기야말로 부정적인 사고를 날려버리는 활기와 의욕의 원천이라고 생각해요. 내가 아침마다 수행하는 요가에서도 생명 에너지로 기를 중시합니다. 요가를 하면서 기에 관해 공부하고 조금씩 알아가고 있답니다.

숲속 산책길을 걷거나 산 정상처럼 공기가 맑은 곳에 가서 심호흡하면 기분이 전환되어 긍정적으로 변화한 경험이 있지요? 그게 바로 자연의 기를 흡수했기 때문이랍니다.

나는 아침에 일어나면 커튼과 창문을 열고 바깥의 신선한 공기를 받아들이며 심호흡합니다. 그리고 태양과 바람의 힘을 느끼죠. 자연이라는 한없이 큰 존재를 앞에 두면 전날 기분 나쁜 일이 있거나 실수했더라도 또 새로운 하루를 시작할 수 있습니다. 오늘도 열심히 하자는 의욕이 샘솟죠. 그와 동시에 기를 흡수하면 앞으로 정진하려는 마음도 향상됩니다.

코로나19 사태로 밀폐, 밀집, 밀접을 피하게 되었고 환기를 정기적으로 하도록 권장했습니다. 그러니 회사에서도 자주 환기하고 그때마다 심호흡을 해보는 건 어떨까요? 아침에 출근해서 창문을 활짝 열어보세요. 하루를 여는 새로운 공기가 기분을 맑게 해줄 거예요.

오늘도 일이 즐거운
92세 총무과장

점심시간에 밥을 먹으러 외출했을 때는 나무가 많은 공원에 들러 나무 밑에서 심호흡하는 것도 좋겠죠. 그곳에서 기를 흡수해 부정적인 사고를 차단하고 긍정적인 사고로 전환하면 오후 업무도 새로운 기분으로 시작할 수 있을 거예요.

# BMW로 다리와 허리 단련

평일에 요가와 명상을 하고 반야심경 외운 다음, 아침을 먹고 집에서 나오면 아침 7시 반쯤 됩니다. 그후 회사까지 편도 1시간 정도 걸려서 BMW로 출근합니다. 여기서 BMW는 그 유명한 독일 고급차가 아니에요. 사실 나는 운전면허증도 없어요. BMW는 'Bus 버스, Metro 지하철, Walking 걷기'에서 앞 글자를 딴 거예요.

여동생과 둘이서 오사카 북부 도요나카에 살고 있는데요. 아, 이 말도 아까 한 거 같은데요. 여하튼 집에서 나와 먼저 오사카시의 중심부까지 노선이 개설된 철도역까지 노선버스를 타고 갑니다. 집에서 가까운 버스 정류장에서부터 약 20분 정도 걸리죠.

지하철을 탄 후 근무지와 가장 가까운 혼마치역까지 환승 없이 20분 정도 걸립니다. 마지막으로 혼마치역에서 회사까지는 걸어서 5~6분 정도 걸리죠.

이렇게 편도 1시간의 BMW가 매일의 일과입니다. 일이 끝나면 반대로 WMB로 집에 돌아옵니다. 하루의 걸음 수는 왕복 출퇴근만으로 6,000보쯤 나옵니다. 버스에 앉을 수 있는 날도 있지만 출퇴근 시간의 지하철에서는 빈자리가 없어서 서 있을 때도 꽤 많습니다. 이렇게 매일 출퇴근하는 길이 내 건강에 많은 도움을 주는 것 같습니다.

'노화는 다리와 허리부터 시작된다'고 해요. 하반신이 불편하면 현역으로 일하기가 어려울 테니, 평소에 단련하는 편입니다. 평일에 왕복 2시간의 BMW로 나도 모르는 사이에 내 다리와 허리가 튼튼해진 듯합니다.

가끔 사람들이 걷는 게 빠르다고 깜짝 놀랄 정도로 아직은 괜찮습니다. 뭐, 빨리 걷자는 마음은 아니었는데 아직 다리와 허리가 튼튼한가 봅니다.

힘이 닿는 한 앞으로도 계속 BMW 하고 싶습니다.

# 5장

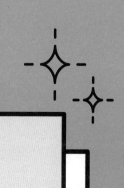

# 해봐,
# 해봐야
# 알 수 있어

# 나만이 할 수 있는 일에
## 도전한다

우리 회사에는 '산코만 할 수 있는 일을 한다'라는 말이 있습니다. 초대 회장님 때부터 계속해서 강조해 오던 말인데요. 경제 성장이라는 측면에서 길게 보았을 때 완만한 성장 곡선을 그리는 것이 이상적이라고 합니다. 그 완만한 성장 곡선이 일상에서는 더디고 멈춰 있는 것처럼 보이지만, 실상은 아니랍니다. 현상 유지에 만족한다면 우리는 정체되고 곧 쇠퇴의 길을 걷게 됩니다. 그러니까 우리는 앞에서 말했듯이 늘 새로운 일에 도전하며 성장하려는 자세가 필요합니다. 그렇다고 해서 새로운 일이라면 뭐든지 손대자는 말이 아닌 것, 잘 알고 있죠? 기준을 세워보자는 거예요. 그 기준이 바로 나만 할 수 있는 일이 되면 아주 좋습니다.

코로나19 바이러스가 들끓던 2021년, 코로나에 대항할 수단은 백신이었습니다. 우리 회사에서는 2021년 코로나19 백신 직장 접종을 실시했는데요. 당시 직장에서 백신을 접종하려면 조건이 있었어요. 접종자 1,000명 이상, 의사나 간호사 등 의료종사자와 접종 장소 확보 등이 필수였어요. 그래서 종업원이 적은 중소 기업이 단독으로 실시하기에는 어려운 상황이었죠.

산코의 직원 수는 2021년 4월, 455명으로 접종자 1,000명 이상을 충족하지 못했어요. 그래서 우리는 직원의 가족, 매입처 124곳, 물류센터, 인근 음식점 약 100곳에 협조를 구했죠. 마침내 접종자를 1,600명 넘게 모아 직장 접종을 실시했습니다. 정말 대단하죠? 우리 회사는 나사 부품만 취급했기 때문에 백신 접종은 새로운 분야였어요. 하지만 관계자의 노력과 우리만이 할 수 있는 일을 하자는 정신으로 과감히 도전해 좋은 결과를 얻었어요.

이러한 자세는 모든 회사원에게 반드시 필요하다고 생각해요. 새로운 일에 도전하지 않는다면 우린 하루하루 달라지는 거친 세상의 파도에 어느새 휩쓸릴지도 몰라요. 나또한 힘들 때도 있지만, 나만 할 수 있는 일을 하며 새로운 일에 도전하려고 부단히 노력하고 있습니다. 도전을 즐기는 회사에 오랫동안 근무한 덕택에 그 정신이 나에게도 뿌리를 내렸나봐요.

# 꿈꾸는 사람에게
# 기회가 찾아온다

우리 회사에서는 영업직을 지망하는 신입도 처음에는 모두 내근직을 해야 하는 규칙이 있습니다. 남성이든 여성이든 마찬가지이며 학력에 따른 차이도 없어요. 그대로 내근을 희망하는 사람 외에는 대체로 2년 차 이후부터 외근에 배치된답니다.

대부분 신입은 사회인으로서의 기초를 배우는 내근 업무를 좋아하는 편입니다. 그런데 이따금 영업 담당으로 외근을 나가고 싶어 하는 사람들도 있습니다. 여기에 두 사람의 차이를 생각해 보세요. 외근직을 하고 싶었는데 본의 아니게 내근직이 되어도 가만히 있는 사람과 외근직을 자청하는 사람의 차이는 무엇일까요?

나는 성격이라기보다 자신이 이루고 싶은 꿈이나 비전의 차이라고 생각해요. '거래처에 가서 내가 잘하는 IT 기술 능력을 발휘하고 싶다, 신규 고객을 유치해서 영업 능력을 보여주겠다' 같은 비전 말이죠. 모든 일에 의욕적으로 도전하려고 하는 모습이 참 아름답지 않나요? 더구나 보통은 지시를 받아야 움직이는 사람들이 많은 세태라서 더욱 예쁘게 보이는 거 같아요.

'의견 없습니다, 어느 쪽이든 상관없어요. 그렇게 하다가 안 되면 어떻게 해요, 그건 책임질 수 없는데요' 등을 남발하면 가지고 있던 꿈과 비전도 사라지게 됩니다. 이런 말과 생각을 피하세요. 꿈과 비전이 없으면 앞장서서 무슨 일을 하겠다는 마음 자체가 생기지 않아요. 그러면 어느 순간 나는 도태되어 있을 거예요.

꿈에 한 걸음이라도 다가가기 위해서 오늘 하루도 노력해 보세요. 어떤 일을 해보고 싶은지 능동적으로 생각하세요. 그러면 상사나 선배도 좋게 평가할 거예요. 그 좋은 평가가 다시 내게 돌아와 잘하고 싶은 꿈과 비전을 향해 걸어가는 원동력이 된답니다.

그러다보면 업무 중 어려운 일이 생겨도 창의적으로 생각하며 맞서서 극복하는 힘이 생기게 될 거예요. 그런 모습을 본 선배도 다음에는 '더 잘 맞는 일을 배정하면 더 잘하겠구나'라고 판단하겠죠. 그러면 마침내 내가 희망하는 직종이나 업무를 맡을 기회가 빨리 찾아오는 선순환이 이루어지게 됩니다.

오늘도 일이 즐거운
92세 총무과장

# 내가 잘하는 일을
# 소문낸다

어떤 꿈과 비전을 마음속에 그릴지는 사람마다 다릅니다. 그중에는 이렇다 할 꿈, 확실한 비전이 없다는 사람도 많습니다. 어쩌면 우리 생각보다 더 많을 수 있겠죠.

자, 꿈과 비전을 명확하게 하는 첫걸음은 무엇일까요? 바로 호기심을 갖는 것입니다. 미래에 대한 희망이나 목표를 마음 한구석에 고이 품고 있다면 귀 기울이세요. 새로운 일에 흥미를 느껴서 좀 더 자세히 경험하고 싶은 호기심이 생기면 우선 반은 성공입니다. 그 호기심이 촉매가 되어 마음속 깊은 곳에 잠들어 있는 꿈과 비전이 서서히 모습을 드러낼 테니까요.

자, 그러면 호기심은 기르려면 어떻게 해야 하냐고요? 별거 없습니다. 책을 읽거나 미술 전시회나 콘서트를 통해 예술을 체험하세요. 모르는 곳으로 여행을 떠나거나 산에 올라 대자연을 느껴보세요. 그저 평소와 조금 다른 환경에서 오감을 자극시키세요. 금세 호기심이 마구마구 솟아날 거예요.

꿈과 비전을 갖고 기회를 얻으려면 내가 잘하는 기술을 갈고닦는 것이 효과적이에요. 한때 우리 회사 영업부에 IT에 능통한 젊은 사원이 있었는데요. 그 친구는 자기 IT 능력을 살릴 수 있는 일을 하고 싶다고 여기저기 말하고 다녔어요. 그러다가 그 말이 누군가의 귀에 들어갔어요. 어떻게 되었을까요? 그 친구가 글쎄 영업부에서 상품기획부로 부서를 이동하게 된 거예요. 근데 여기서 끝이 아니에요. 부서를 바꾸고 나서 그 친구가 거래처와 온라인으로 상담하는 시스템을 만들어 낸 거예요. 또 거기서 그치지 않고 상품 개발에 유용한 시스템을 편성했어요. 완전히 대활약을 펼쳐서 회사에 크게 공헌했답니다. 아직까지도 그 친구에 대한 이야기가 회자될 정도로 놀라운 일이었죠.

그때 알게 된 거 같아요. '내가 잘하는 일을 소문내는 것은 내게도 회사에게도 두루두루 참 좋은 일이구나'라고 말이죠. 아무도 모르는 내가 잘하는 일을 나 혼자 알고 있으면, 그 능력을 발휘할 기회를 놓칠 수 있다는 점 꼭 기억하세요. 재능이 있는데도 썩히면 너무 아깝잖아요. 회사와 개인 모두에게 모두 너무너무 아까운 일이죠.

알다시피 취업 활동을 할 때는 자기소개에 내 능력을 꼼꼼히 기록하잖아요. 그러다가도 일단 취직이 되면 싹 돌변해서 누가 알아볼까 조용히 있는 사람도 있어요. 우리이제 그러지 말자고요. 내가 잘하는 일은 소문내세요. 분명히 좋은 일이 생길 겁니다. 단순한 자기 자랑으로 끝내지 말고 그 잘하는 기술을 통해 어떻게 회사에 공헌할 수 있는지도 살짝 고민하면 좋겠죠.

# 정리 정돈이
# 기회를 끌어당긴다

정리 정돈의 중요성은 이미 앞에서 말했는데 평소에 정리 정돈에 힘쓰면 생각하지 못한 기회를 잡을 수 있습니다.

실제 사례로 영업부 내근직에 막 들어온 젊은 여성 사원 얘기를 해볼게요. 출근 시간보다 조금 일찍 출근해서 자기 책상은 물론 부서의 자잘한 정리 정돈을 했던 사원이에요. 영업부에는 메모장과 필기도구 등을 담는 박스가 일곱 개 있었는데요. 그 친구는 영업부 직원이 출근하면 바로 업무를 시작할 수 있도록 그 상자들을 열기 쉬운 위치에 두었어요.

또 사람들이 출근하기 전에 전화로 거래처에서 문의나 주문이 들어오면, 세심하게 응대하고 정확하게 기록했어요. 그런 일들이 반복되다 보니까 많은 거래처에서 그 친구를 칭찬하기 시작했어요. 또 그 친구를 신뢰하는 마음에 더 많이 주문하는 거래처도 늘어났고요. 그 일이 알려지면서 그 친구는 높은 평가를 받았고, 입사 2년 차부터 받을 수 있는 신인상을 거머쥐게 되었답니다.

모든 사람이 그 친구처럼 하지는 않았을 겁니다. 그리고 마찬가지로 거래처에서 높은 평가를 받을 수 있는 것은 아니고요. 일이 익숙하지 않은 신입 시절에는 고객 문의나 주문 전화에 적절히 대처한다는 게 어려운 일이죠. 게다가 업무 시작 전이라서 선배에게 전화해서 물어볼 수도 없었는데도 잘해냈습니다. 어쩌면 청소와 정리 정돈을 하면서 머릿속까지 정리되었던 게 아닌가 싶습니다. 그렇기에 침착하게 적절히 대처할 수 있었고, 나아가 거래처의 두터운 신뢰를 얻었으며, 회사에서 높은 평가를 받게 된 거죠.

## 실패에서
## 배운다

우리 회사 초대 회장님은 이따금 냉난자지冷暖自知를 인용해서 말하곤 했습니다. 냉난자지란 물이 차고 더운 것은 마셔봐야 알 수 있다는 의미로 '무슨 일이든 직접 해봐야 알 수 있다'는 말입니다. 원래는 불교 가르침인데 남에게 배워서 깨닫는 것이 아니라 직접 체험에서 깨달음을 얻는다는 의미라고 합니다.

회장님은 냉난자지를 통해 무슨 일이든지 해봐야 알 수 있으니 작은 실패를 두려워하지 말고 일단 실천하는 자세를 알려주고 싶었던 것 같아요. 이 말을 내 방식대로 해석

오늘도 일이 즐거운
92세 총무과장

해 봤어요. 모든 일이 나하고 관계가 있다고 생각해서 '관심을 갖자'라고 말이죠.

산토리 창업자 도리이 신지로 씨는 부하 직원이 미지의 영역에 도전하려고 할 때 주위에서 반대하면 "해봐. 해봐야 알 수 있어."라고 조언했대요. 새로운 도전을 해봐야 실패도 하고, 그래야 또 새로운 도전을 할 수 있기 때문이죠. 용기 있게 도전한 결과가 실패로 끝났다고 해도 괜찮아요. 그 실패가 자신과 회사의 경험치가 된답니다. 또 실패에서도 배우는 자세를 취한다면 그것은 결코 실패가 아닙니다. 오히려 적극적으로 일할 수 있는 기회인 거죠. 나는 실패가 두려워서 도전하지 않는 것이 손해라고 생각해요.

물론 도전하려면 강한 정신이 필요합니다. 역으로 실패를 극복하는 것은 정신을 강화해줍니다. 어찌 보면 둘은 공생 관계 같네요.

일흔 살까지는 해마다 홋카이도 니세코에서 스키를 즐겼습니다. 늘 함께 다니던 스키 친구가 정년으로 회사를 그만두는 바람에 안타깝게도 모임이 없어졌지만요. 사실 그 뒤로는 가질 못했어요. 한참 탈 때는 조금 어려운 슬로프에 도전해서 넘어지기도 많이 넘어졌죠. 몇 번이고 굴러서 체력도 많이 떨어졌고요. 그래도 어디 하나 부러지지 않는 한 구조 요원한테 도움을 바랄 수도 없는 노릇이었고요. 하는 수 없이 내 힘으로 가까스로 스키를 타고 슬로프를 벗어나는 방법밖엔 없었어요. 그런데 재미있는 건, 실컷 넘어지고 다시 일어나면 스키 실력이 월등히 좋아지는 걸 느꼈어요. 동시에 내가 여기서 지면 안 되지라는 마음도 먹게 되었고요. 말하자면 투지에 불탔다고 할까요.

일도 마찬가지 같아요. 실패해서 일어나기를 반복하면 내성이 생기는 거죠. 그렇게 강해진 마음으로 어려움과 장벽에 도전한다면 그 얼마나 멋지겠어요.

# 내 탓이요
# 내 탓이요

오랜 회사원 인생에서 크고 작은 셀 수 없을 정도로 많은 실패를 맛보았습니다. 돌이켜보면 대부분 제멋대로 억측하거나 선입견에 사로잡혀 실패한 경우가 많았죠. 지금까지 이렇게 해왔으니 방식을 바꿀 필요는 없다는 과거의 성공에 집착한 것도 한몫 했어요.

자, 여기서 내 경험을 바탕으로 당부 좀 할게요. 일할 때는 억측, 선입견, 과거의 성공에 연연해서는 안 돼요. 꼭 기억하세요. '이건 전에 한 일과 비슷하니까 똑같이 하면 될

5장
해봐, 해봐야 알 수 있어　　　　　　　　　　　———　189

거야'라는 생각이 머릿속에 들어오면 물리치세요. 안일한 마음을 버리고 처음 맡게 된 일이라는 마음으로 일과 마주하세요.

'실패는 성공의 어머니'라는 말 귀에 딱지가 앉을 만큼 들어보았을 거예요. 그렇지만 조금 더 생각해 보세요. 실패의 원인을 찾아서 잘못된 점을 개선하면 성공에 다가갈 수 있다는 의미가 담겼거든요. 실패를 성공으로 바꾸려면 무슨 일이 있어도 남의 탓으로 돌리지 않는 것이 중요해요. 실패의 원인을 겸허하게 받아들이지 못하면 실패에서 배울 점은 하나도 없다는 것, 잊지 마세요.

마감이 촉박한 일을 준 상사가 나쁘다. 바빠서 허둥대는 걸 뻔히 알면서도 도와주지 않은 동료가 나쁘다. 자, 이 말을 들으니 어떤 생각이 드나요? 정말 다른 사람이 다 잘못한 것 같은가요? 내게는 실패의 원인을 남에게서만 찾는 조금은 비겁함이 보여요. 이렇게 수동적으로 회피해서는 실패에서 결국 아무것도 얻지 못할 거예요. 아무리 기다려도 성공의 돌파구는 점점 멀어지겠죠.

오늘도 일이 즐거운
92세 총무과장

자, 우리 실패를 실패로 끝내지 말아요. 먼저 실패를 인정하고 자기 내면과 진지하게 천천히 마주하는 거예요. 그러고 난 다음 고칠 점은 고치고 부족한 점을 발전시키면 그뿐이에요. 실패에 비료를 주어서 무럭무럭 자라는 열매로 얻어가세요.

## 바로 인정하면
## 성공한다

우리는 살면서 많은 감점을 받습니다. 잘한 것에 가점을 주는 건 좋은데, 못했다고 감점을 주는 건 사실 잘 이해가 되질 않아요. 이런 감점 제도는 실패를 두려워하게 하고 도전 앞에서 주저하게 만드는 것 같기 때문입니다. 이래서는 개인은 물론 사회의 그 어떤 구성원도 성장하기 어렵지 않을까요.

실패는 성공의 어머니이며 실패야말로 도약할 기회라고 누누이 말하면서 '실패는 감점이다'라면 너무하잖아요. 더 두려운 것은 실패를 겉으로 드러내지 않고 숨기는 거예

오늘도 일이 즐거운
92세 총무과장

요. 그게 습관처럼 몸에 배면 큰일납니다. 어떤 일이든 도전하면 실패는 따라오는 것입니다. 그런데 실패를 순순히 인정하지 않고 없었던 일로 치고 숨기려고 하면 어떤 일이 벌어질까요? 자, 실패는 화재와 같습니다. 숨길수록 개인이나 회사에 더 큰 손해를 안기게 되는 거죠. 소화기를 사용해서 빨리 불을 끄면 그만인데, 그걸 방치해서 더 큰불로 퍼트리고 싶은가요?

실패를 은폐해서 몰래 처리하는 행동은 큰 잘못입니다. 경리 업무를 50년 정도 담당하면서 다행히도 금전 면에서는 큰 실수가 없었습니다. 돈이 관련된 업무에서 실수를 숨기게 되면 피해가 눈덩이처럼 커집니다. 해당 부서뿐만 아니라 회사 전체에 손해를 입히고 사회적으로도 막대한 손실입니다.

나는 크든 작든 실수나 실패를 하면 그 자리에서 인정하고 있습니다. 혼자 힘으로는 만회할 수 없는 실수라도 보고를 통해 서둘러 도움을 요청하세요. 보통은 초기에 잘못을 바로잡을 수 있을 겁니다. 팀이 주는 장점이죠.

## 성공하든 실패하든
## 다시 시작

실패해도 오래도록 끙끙 고민하지 마세요. 사실 실패하면 기분이 축 처지는 것은 어쩔 수 없지만 그래도 힘을 냅시다. 실패에서 빨리 벗어나는 방법이 있어요. 누누이 말했듯이 바로 배움이죠. 실패에서 배워 다음 성공으로 연결시키는 행동을 해보는 거예요. 침울해진 기분도 사라지고, 다음 기회를 더욱 빨리 잡을 수 있답니다. 또 다른 방법은 잊는 것이에요. 지나간 시간을 되돌릴 수 없다는 거 잘 알잖아요. 실패했다면 다시 시작하면 그만이라고 생각하고 잊으세요. 실패를 질질 끄면 성장할 기회를 눈 뜨고 놓칠

오늘도 일이 즐거운
92세 총무과장

수 있다는 점도 기억하고요.

다시 시작이 필요한 것은 성공했을 때도 마찬가지입니다. 아주 작은 성공일지라도 이러한 경험은 자신감을 준답니다. 아무리 내가 주체적으로 진행한 일이라도 그 성공의 배경에는 눈에 보이지 않는 주변의 도움이 있었다는 걸 잊으면 안 돼요. 요트의 돛이 순풍을 받듯이 좋은 기회를 잡은 것일 수도 있고요. 그러니까 하고 싶은 말은 성공했다고 너무 자만하지는 말자예요.

이전의 성공 경험에 얽매여 생각하는 것은 스스로 제 발목을 잡는 일이나 마찬가지예요. 실패든 성공이든 끝나면 다시 시작하세요. 나는 일이 끝나면 백지상태에서 다시 시작하는 마음가짐을 가지려고 오랫동안 노력했어요.

이전에 텔레비전 방송에서 외국에서 열린 서핑 대회를 보다가 재미있는 사실을 알았어요. 서퍼들은 그렇대요. 먼 바다에서 해변 쪽으로 밀려오는 파도를 보면서, '이거야!'라고 생각되는 파도가 올 때까지 오로지 쳐다만 본대요. 그렇게 따져 보니까 파도를 타는 시간보다 파도를 기다리는 시간이 훨씬 더 긴 거예요.

그렇게 서퍼는 체력을 비축하다가 적당히 큰 파도가 밀려오니까 양손으로 물을 저어 파도로 향하더라고요. 그리고 파도가 부서지기 전에 재빨리 파도를 타고 보드에서 일어났어요. 정말 대단했죠. 그 서핑 대회를 보면서, 일과 인생에서 크기와 모양이 전혀 다른 파도가 반복적으로 밀려오는 게 연상되었어요.

자신의 실력을 발휘할 수 있는 파도를 잘 확인해서 그 파도를 타고 기회를 잡아봅시다. 일도 닥치는 대로 처리하는 것이 아니라, 백지상태로 시작해 힘을 써야 할 부분을 확인하는 자세 잊지 말자고요.

# 잘 몰라도
# 일단 시도하자

우리 회사에서는 지금으로부터 한 40여 년 전, 그러니까 1981년이었죠. 다른 업계보다 앞서서 컴퓨터를 본격적으로 도입했습니다. 내 나이 쉰한 살이 되던 해였고 지금 회장님이 사장님이던 시절입니다. 그때 오사카 청년회의소 정보공학 선생님이 재고관리와 경리사무를 전자화하면 업무가 오차 없이 정확하고 신속해진다고 알려주었어요. 그래서 회사는 심사숙고 끝에 컴퓨터를 통해 업무를 전자화하기로 결정했어요. 지금이야 컴퓨터가 흔하지만 그때는 꽤 귀했습니다.

당시에도 내 나이는 상당했죠. 컴퓨터는 난생 처음 보았고요. 하지만 컴퓨터를 업무에 도입하는 일에는 전혀 망설임이 없었습니다. 그때는 모든 사원이 컴퓨터를 처음 접했기 때문에 '다 함께 도전을 해보자'라는 분위기로 으쌰! 으쌰! 했습니다. 새 시스템을 도입해서 난처했다기보다는 기대감에 들떴던 것 같습니다. 컴퓨터를 도입하면 무엇이 어떻게 달라질지 정말 궁금했죠.

한 가지 다행이었던 게 있어요. 그전부터 타자기나 워드프로세서를 사용했기 때문에 키보드를 사용하는 어려움은 없었단 거죠. 알고 있겠지만 워드프로세서와 컴퓨터의 키보드는 타자기의 배열에서 비롯됐습니다. 상업고등학교 시절 타자기 사용법을 배웠기에 정말 금방 익숙해졌어요. 물론 문자나 기능을 변환하는 방법 등은 조금 차이가 있었지만 문제될 건 없더라고요.

이렇게 곰곰이 지난 일을 떠올려 보니까 주판에서 전자계산기로 옮겨갈 때가 큰 변화였던 거 같아요. 사무실에 전자계산기가 들어온 것은 1970년대였어요. 그때까지만 해도 경리사무에서 주판을 사용했습니다. 우리 회사는 수입액을 계산하고 그 금액에 맞춰서 지출 계획을 철저히 세웠는데요. 언젠가 간단한 계산을 암산으로 끝내려고 했더니, 회장님은 이렇게 말씀하셨어요. "1 더하기 1이라도 주판을 사용하세요." 이 정도로 회장님은 철저한 분이셨죠.

주판은 가로로 길어서 능숙해지면 한 번에 세 개 정도를 계산할 수 있거든요. 전자계산기는 정확한 숫자를 입력하면 답이 절대로 틀리지 않는 장점이 있는 반면 하나씩만 계산할 수 있거든요. 경리사무에서는 정확성이 가장 요구되기 때문에 나는 주판에서 전자계산기로 이행되는 과정에서도 거부감을 느끼지 않았습니다.

컴퓨터가 도입된 후 어느 정도 시간이 지나자 경리사무에서 사용하는 장부와 전표를 표 계산 소프트웨어 엑셀로 입력하게 되었습니다. 컴퓨터라는 하드웨어보다 엑셀 같은 소프트웨어에 익숙해지기가 더 힘들었던 거 같아요. 그래도 회사 전산실 직원이 기본적인 내용을 알려줬고 회사 지원으로 교육 받은 덕분에 엑셀을 젊은 동료들과 비슷하게 잘 다룰 수 있게 되었죠.

문서 작성 소프트웨어, 프레젠테이션 소프트웨어 등 이른바 사무용 소프트웨어도 똑같은 순서로 터득했습니다. 환경의 변화를 즐기며 대응하는 자세 덕분에 이렇게 오랫동안 일할 수 있었던 것 같습니다. 앞으로 새로운 하드웨어와 소프트웨어가 도입되어도 냉난자지를 가슴에 새기고 잘 몰라도 일단 도전하렵니다.

오늘도 일이 즐거운
92세 총무과장

유튜브에 내가 나와요.
궁금하면
QR을 찍어보세요!

# 짧은 시로 뇌 활성화

몸이 아무리 건강해도 치매에 걸리면 일을 못하게 됩니다. 다행히도 아직은 내 인지 기능에는 아무런 이상이 없다고 합니다. 내가 어찌하여 이 나이에도 정신이 말짱한가 생각해 보았어요. 그 비결이 아무래도 요가 명상과 반야심경 읽기, BMW로 출퇴근하기 같은 소소한 일상이라는 결론에 이르게 되었어요. 매일 일상에서 되풀이하던 내 취미이자 습관이 뇌를 자극한 거죠. 그리고 또 하나 내가 말짱할 수 있는 이유를 곰곰이 생각하다 떠오른 건데요. 그건 내가 짧은 시를 자주 짓는다는 거죠.

일부러 뇌에 자극을 주려고 하는 건 아닌데, 그냥 심심풀이로 짧은 시를 짓고 있습니다. 5·7·5의 3구 17자로 된 하이쿠와

5·7·5·7·7의 5구 31자로 이루어진 단카를 주로 지어요. 하이쿠와 단카를 정식으로 배운 적이 없지만 꽤 재미납니다.

그렇지! 또 내가 텔레비전 프로그램의 <프레바토>에 출현하는 하이쿠 시인 나츠이 이츠키 선생의 광팬이거든요. 나츠이 선생의 비평을 메모하면서 방송을 보는 것도 큰 기쁨이며, 시를 짓는 데 도움이 많이 됩니다.

시를 잘 짓고 못 짓고를 떠나서 하이쿠와 단카 모두 그 본질은 불필요한 말을 줄이는 거래요. 5·7·5, 5·7·5·7·7이라는 형식에 많은 계절이나 자연을 담기는 사실 힘들어요. 그래서 내가 시를 짓는 활동을 하는 게 뇌를 자극하는 거 같아요. 계속 고민하고 적절한 단어를 찾고 생각하면서 뇌가 활성화되는 거죠. 그렇게 불필요한 정보를 줄이고 본질적인 언어를 시로 표현하는 작업은 상당히 머리를 쓰는 일이거든요.

갑자기 또 생각나는 게 있는데요. 시를 짓는 장점이 또 하나 있네요. 치매 예방뿐만 아니라 회사에서 거래처에 편지를 쓸 때 유용한 거 같아요. 나는 정말 어쩔 수 없는 회사원인가 봐요. 뭐든지 다 일로 연결이 되네요.

# 6장

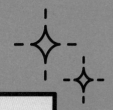

# 오늘도
# 사람을 배우고
# 돕는다

## 나만 두고
## 도망간 직원들

마흔 살이 되던 해에 생각하지도 못한 일이 생겼어요. 갑자기 과장으로 발령이 난 거예요. 그때까지만 해도 따지고 보면 회장님이 제 직속 상사였어요. 회장님이 경리와 총무를 관리하셨거든요. 그런데 회사의 규모가 서서히 커지고 사원 수가 늘어나자 회장님이 일일이 다 살피기가 어려워진 거예요. 결국 회사에서는 총무과를 신설했고 가장 오래 근무한 내가 과장 자리에 앉게 되었어요.

1970년의 일이라서 여성이 과장이 되는 일은 아주 보기 드물었죠. 지금이라면 기뻐했을 텐데, 그때는 많이 망설여지더라고요. 게다가 일반적으로 주임, 계장, 과장으로 승진하는데 나는 평사원에서 느닷없이 과장이 되니 너무 부담스러웠어요. 과장에게는 업무를 관리하는 능력과 부하 직원을 통솔하는 리더십이 필요한데요. 나는 전혀 그런 경험이 없었어요.

그때도 비즈니스 서적을 읽는 것을 좋아했기 때문에 의지할 데라고는 책에서 얻은 지식뿐이었죠. 지금 생각하면 피식 웃음이 나는데요. 그때 나는 과장이 되면 팀의 사령관처럼 행동해야 한다고 믿었어요. 지시를 내리고 그 지시대로 사원을 움직이는 리더십이 가장 중요하다고 생각했던 거죠.

과장이 되고 얼마 지나지 않아서 그 사건이 일어났어요. 그날은 경리사무가 가장 바빠지는 결산을 눈앞에 둔 시점이었다. 업무가 끝난 후에 다 함께 결산할 때 잔업을 부탁하려고 했습니다. 퇴근 시간이 다 되었을 때 이렇게 말했어요. "오늘은 회의할 거니까, 모두 남으세요." 그런데 직원들은 그러겠다 저러겠다 아무 말도 없는 거예요. 그러곤 업무 시간이 끝나자 모두 곧바로 퇴근해 버렸지 뭐예요. 그때 정말 당황했어요. 과장이 지시하면 갑작스럽더라도 부하 직원은 따를 것이라고 안이하게 생각했던 거죠.

사실 그때는 거절당해서 화가 나는 게 아니라 나한테 한심한 마음이 생기더라고요. 떨떠름한 기분으로 일단 정리를 했어요. 청소도 마치고 퇴근하려고 탕비실을 들여다봤더니, 글쎄 직원들이 사용한 컵이 싱크대에 그대로 놓여 있는 거예요. 컵을 씻을 새도 없이 급하게 집에 간 거죠. 내일 아침에 설거지하려면 얼마나 바쁠까라는 생각이 들어서 컵을 씻었어요. 한참을 씻었어요. 그러다가 문득 깨달았다. 과장으로서 해야 할 일은 지시를 내리기 전에 저마다 잘할 수 있는 일을 찾아주고 격려하는 것이라는 생각이 들었어요. 그렇게 나도 배워가게 된 거죠.

다음 날 아침 나는 이렇게 말했어요. "어제 갑자기 회의한다고 남으라고 해서 미안합니다. 앞으로 함께 잘해나가고 싶습니다." 그때부터는 명령으로 일을 시키지 않고 다 함께 성장하자는 자세로 대했습니다. 그러자 직원들이 한마음으로 함께 움직였고 결산도 무사히 끝낼 수 있었습니다. 시간이 흘러 직원들은 서로 어려운 일이 있으면 뭐든지 상담했습니다. 덕분에 소통이 활발해져서 총무과 전체의 실적도 많이 올라갔고요.

1 더하기 1이 2가 되는 것은 좋은 조직이 아니에요. 1 더하기 1이 3이나 4가 되어야 좋은 조직입니다. 저마다 직원이 키운 능력을 잘 파악해서 총무과 전체의 성과를 향상시키고 이를 돕는 것이 과장의 중요한 업무였습니다.

오늘도 일이 즐거운
92세 총무과장

# 후배가 성장하는
# 환경을 만든다

주변에서 간혹 부하 직원에게 미움을 사고 싶지 않아서 비위를 맞추는 상사를 본 적이 있을 거예요. 과연 그런 상사가 부하 직원에게 호감을 얻을까요? 분명히 아니라고 말할 수 있어요. 오히려 그 반대에요. 회사는 동호회가 아니라 일의 성과가 요구되는 조직이잖아요. 그래서 부하 직원은 상사가 자기 강점과 잠재력을 알아보고 이끌어주며 성장하게 도와주기를 바랍니다.

그러려면 상사는 부하 직원의 개성과 능력, 선호를 파악하고 마음껏 능력을 펼칠 수 있는 환경을 만들어줘야 해요. 나는 과장이 된 다음에 이 점을 새삼스럽게 깨달았어요. 십인십색이라는 말도 있듯 부하 직원이 열 명 있으면 저마다 성격이 다 다르더라고요. 가치관이나 하고 싶은 일도 잘하는 일도 모두 다 달랐어요. 저마다의 개성을 파악한 후 가능성을 끌어내서 활약할 수 있는 환경을 마련해주면 조직 전체의 성과 또한 향상될 수 있습니다.

중요한 것은 소통이에요. 부하 직원이 무엇을 생각하고 어떤 점에 고민하는지 알아야 기량을 마음껏 펼칠 환경을 마련할 수 있습니다. 부하 직원이 무슨 일이건 잘 보고하지 않는다면 과연 지금 소통이 잘되는 환경인지 자문해 보세요. 부하 직원의 눈치를 살피며 비위를 맞추자는 게 아니에요. 다만 무슨 일이 생겼을 때 상담하고픈 분위기를 만들자는 거죠. 무슨 말이든 들어주고 해결책을 제시하거나 함께 모색하는 분위기 있잖아요.

억지로 되는 일이 아니지만, 부하 직원에게 진심으로 관심을 가지고 있다면 다양한 방법이 떠오를 거예요. 예를 들어 "이런 스펙을 쌓아보면 어때요? 그러면 저번 프로젝트 같은 일에서 두각을 보일 수 있을 거 같은데요."라고 말을 건네는 거예요. 그 부하 직원이 기량을 뽐내고 싶었지만 그 분야에 대한 경험이 부족해서 아쉬워했던 걸 기억해서 말하는 거죠.

그렇다고 너무 편하게만 다가가는 것도 좋지 않아요. 언니, 오빠, 형, 누나는 아니니까요. 너무 허물이 없이 지내다가 원망을 듣는 수도 있거든요. 그리고 중요한 한 가지, 업무를 평가할 때는 반드시 공정함을 유지해야 합니다.

마감에 늦었거나 업무의 질이 떨어져서 후공정을 담당하는 부서로부터 클레임을 받은 상황이라고 가정할게요. 상사가 그냥 다음부터 열심히 하자라고 뭉뚱그리면서 넘어간다면 어떨까요? 상사로서 너무 안이한 대처로 보일 거 같은데요. 그런 모습은 리더십에 문제가 있다고 보일 거예요.

반대로 생각해 보세요. 내 상사가 그런다면 어떻겠어요. 적어도 일을 왜 제대로 하지 못했고, 다음에는 어떻게 해야 할지 확실히 짚고 넘어가야 해요. 그렇다고 잘못한 점은 물고 늘어지며 질책하는 것도 좋지 않아요. 어떻게 개선할 것인지에 대해서만 논의하고 해결 방법을 찾으세요. 물론 잘한 부분은 구체적으로 칭찬하세요. 그리고 부서에 소통의 문제가 있는 건 아닌지 점검하고 의견을 취합해서 더 나은 환경을 만들고자 노력하세요.

# 20퍼센트,
# 80퍼센트 법칙

어느 책에서 봤는데, 일의 결과가 100퍼센트라고 하면 공
헌도는 상사가 20퍼센트, 부하 직원이 80퍼센트래요. 나
는 이 법칙에 전적으로 동감해요. 부하 직원이 열심히 노
력한 성과를 100퍼센트 자신의 공로로 삼는 나쁜 상사도
있어요. 하지만 그 성과의 80퍼센트는 부하 직원이 공헌
임을 잊어서는 안 돼요. 부하 직원이 일에 많은 노력을 들
이고 함께 힘을 모았기 때문에 얻은 성과입니다. 물론 상
사는 그저 지시만 했다는 말은 아니에요. 상사는 일하기
쉬운 환경을 만들어주거나 다른 부서와의 업무를 조정하

기 위해 정말 바빴을 거예요.

　나는 무거운 책임을 진 상사가 부담을 조금이라도 덜었으면 좋겠습니다. 잠깐이라도 숨을 돌릴 수 있는 직장이 이상적이라고 생각합니다. 부하 직원은 본연의 임무를 알아서 묵묵하게 수행하고, 상사는 그런 부하 직원을 책임감 있게 이끌어준다면 그 얼마나 멋진가요. 말 그대로 환상의 호흡이 되겠죠. 원활하게 소통하고 환상적으로 호흡을 맞추는 부서라면 어떤 일이라도 해낼 것 같지 않나요?

　부하 직원에게 업무 지시를 내린 다음에 자주성을 중시한다는 명목으로 상사로서 지원을 게을리하면 안 됩니다. 또한 부하 직원은 업무 보고도 제대로 하지 않고, 책임을 모두 상사에게 떠맡기고 태만하게 근무하는 것도 주의해야 해요. 우리 서로서로 존중합시다. 내가 먼저 손을 내밀면 상대도 분명히 내 손을 잡고 나를 존중해줄 것입니다.

# 회사와 부서에서
# 같은 비전을 공유한다

상사와 부하 직원이 서로를 존중하는 팀이 되려면 같은 비전을 공유해야 합니다. 비전이 같아야 능동적으로 행동할 수 있기 때문이에요. 각자 맡은 업무는 달라도 생각이 같아야지 배가 산으로 가지 않습니다.

만약에 아랫사람이 제대로 능력을 발휘하지 못한다면 한번 찬찬히 살펴보세요. 어쩌면 같은 비전을 충분히 공유하지 못한 것일 수도 있어요. 방향성이 저마다 다르면 조직은 제대로 기능하지 못해요. 저마다 아무리 땀 흘려 일해도 엉뚱한 방향으로 나아갈 뿐이죠.

우리 회사는 경영진의 비전을 부서장에게 공유하고, 또 부서 사원에게까지 널리 알린다는 강점이 있어요. 이는 아마도 가족 기업에서 출발해, 종업원 수가 500명 정도로 작은 회사이기 때문일 거예요. 또한 비밀이 없는 경영을 하고 있기도 하고요.

사실 우리가 공유하는 비전이란 앞에서도 여러 번 말했지만 '그 일은 사람에게 도움이 되는가?'예요. 우리 회사 사람이라면 누구나의 머릿속에 이 말이 새겨져 있어요. 그래서 사원 모두가 사람에게 도움이 되기 위해서 일합니다. 그 '사람'이란 최종적으로 고객으로 이어집니다. 일은 고객의 이익을 위해 존재한다고 할 수 있지요.

오늘도 일이 즐거운
92세 총무과장

# 관리직은 영화감독,
# 사원은 배우

기업 활동을 영화 제작에 비유하면 사장은 제작자, 부서장은 영화감독이라고 생각해요. 사장은 영화 제작자처럼 돈을 모아서 투자하고 비전을 세우고, 이익을 올리며 회사라는 조직의 성공을 목표로 하죠. 부서장은 영화감독처럼 현장의 책임자이며 회사의 비전과 방향성을 실현하기 위해 일합니다. 또 사원들을 적재적소에 캐스팅하고 시나리오에 따라 영화를 찍는 거죠.

그럼 여기서 사원은 배우라고 할 수 있겠죠. 중견 사원에게는 주연급의 활약을 기대하기도 하고요. 젊은 사원은 지금은 조연이라도 언젠가 주연을 맡고 싶다는 마음으로 열연합니다. 그럴듯하지 않나요?

물론 영화 세계에서는 제작자와 영화감독이 충돌해서 종종 시나리오가 갑자기 바뀌거나 감독이 바뀌는 일도 흔하게 일어납니다. 하지만 기업에서는 대부분 사장과 부서장이 일심동체가 되기 때문에 그런 문제가 잘 일어나지 않는 것 같습니다.

부서장에서 말단 사원까지 경영진의 비전을 공유하면 캐스팅된 사원은 자기가 맡은 자리에서 실력을 발휘하며 일할 수 있습니다. 그렇게 완성된 영화로 관객을 기쁘게 하면 회사는 성장할 겁니다.

이런 생각을 하게 된 이유는 내가 영화를 무척 좋아하기 때문입니다. 젊었을 때는 여가를 즐길만한 게 영화 정도였어요. 그렇게 자연스럽게 영화에 빠지게 된 거죠. 오즈 야스지로 감독의 명작 〈동경이야기〉를 가장 좋아합니다. 젊은 시절, 이시하라 유지로의 주연 영화도 거의 다 볼 정도로 영화를 사랑합니다.

오늘도 일이 즐거운
92세 총무과장

## 좋은 점만
## 바라본다

상사가 되면 부하 직원을 평가하기가 매우 곤란할 때가 있습니다. 성격이나 마음이 잘 맞는 사람도 있는가 하면 그렇지 않은 사람도 많고요. 쿵짝이 잘 맞으면 좋겠지만, 마음이 잘 안 통하면 다가가기 쉽지 않죠. 그런데 이렇게 개인적인 감정을 회사 일에 갖다 붙이면 안 됩니다. 업무에서 개인적인 감정으로 부하 직원을 평가하지 않도록 주의하세요. 같은 부서 안에서 똑같은 일을 했는데 어떤 한 직원이 낮은 평가를 받는다면 의욕이 떨어지고 더 나아가 팀 전체의 사기가 떨어지겠죠. 정말 조심해야 합니다.

사람인지라 특정 인물에 관심이 가는 마음은 이해하지만 그냥 마음으로 그쳐야지 업무 평가에까지 영향을 미치면 큰일나요. 다행히도 우리 회사에서는 객관적이고 납득할 수 있는 인사 평가 프로그램을 일찍 도입했습니다. 이 프로그램에서는 매출이나 수주 건수 등을 수치로 만들 수 있는 '정량적 평가'를 더합니다. 그리고 직원이 얼마나 의욕적으로 일하는지처럼 수치화하기 어려운 '정성적 평가'도 객관적으로 할 수 있답니다. 평가하는 상사나 평가받는 부하 직원 모두 납득 가능한 평가 프로그램이 있어서 얼마나 고마운지 몰라요.

너무나 당연한 이야기 하나 더 할게요. 평소 업무에서도 차별 대우 없이 부하 직원을 대해야 합니다. 물론 개인에 따라 더 호감이 가는 직원이 있겠지만, 그냥 그 호감만 생각하는 거예요. 상대가 나와 맞지 않는 부분을 개인적으로 받아들이지 않는 거죠. 세상에는 매우 다양한 사람들이 함께 어우러져 산답니다. 물론 업무에 문제가 될 정도로 좋지 않은 점이 있다면 상담을 통해 개선해 나가야겠지요. 직원 저마다의 개성이라고 생각하고 존중하는 거예요. 개인적인 선호에 따라 차별 대우하지 않는 것 잊지 마세요.

대인관계는 참 어렵습니다. 감정적인 잣대로 사람을 바라보게 되기 때문이죠. 논리적으로 설명하기 어려울 때가 많지요. 하지만 불편함을 느끼는 사람에게도 가만히 찾아보면 좋아질 수 있는 면이 반드시 있을 거예요. 여태 살아보니 그래요. 100퍼센트 결점만 있는 사람은 없더라고요. 싫은 모습 안에도 사랑스러운 모습이 기다리고 있어요. 더구나 회사에서는 더 주의해야 하는 거 같아요. 부하 직원의 싫은 점만 신경 쓰면 점점 싫어지더라고요. 나도 그랬고요. 하지만 그 감정은 과감하게 묶어놓을 수 있답니다. 좋아하는 점에 주목하면 다른 사람과 똑같이 대할 수 있을 거예요. 한번 믿어보세요.

# 배움에도
# 순서가 있다

불교 가르침에서 시작한 수파리는 흔히 검도 수련 단계에서도 많이 사용하고 있는데요. 이 수파리를 일에 적용하면 어떨까 해서 소개합니다.

수$^守$ = 스승에게 가르침을 주는 대로 받는다.

파$^破$ = 가르침을 바탕으로 자신만의 연구와 아이디어를 더해 그 틀을 깬다.

리$^離$ = 더 많은 연마와 경험을 거듭하여 기존의 가르침을 뛰어넘어 완전히 새로운 독창적인 것을 창조한다.

오늘도 일이 즐거운
92세 총무과장

나는 수파리를 접목해서 신입 사원을 훈련하는데요. 괜찮은 방법 같으면 여러분도 한번 해보길 바랍니다.

1년 차는 '수'를 철저히 하게 합니다.
멘토 역할을 할 선배를 정해서 그 선배의 일거수일투족을 관찰하고 철저하게 모방하라고 요청합니다. 그렇게 해서 일을 진행하는 데 필요한 가르침을 익히라는 거죠.

2년 차에는 '파'로 넘어가야 합니다.
1년 동안 선배가 일하는 방식을 가까이에서 지켜봤어요. 그러면 이제 선배 방식도 나쁘지는 않지만 나라면 어떻게 하겠는지 느끼는 부분이 생길 거예요. 그럴 때 멘토 선배에게 바꿔보고 싶은 부분을 제안하고 조언을 구하게 하는 거죠. 그런 행동이 성공할 때도 있지만 실패로 끝날 때도 있습니다. 경험이 적을 때는 실패하는 일이 더 많을 수 있지요. 성공하면 그것으로 충분하며 실패해도 그 실패에서 배우면 그만입니다.

3년 차부터는 '리'를 수행해야 합니다.

여기서 멘토 선배는 자기 일을 하나둘씩 후배에게 넘겨야 해요. 모두 끌어안고 있어선 안 돼요. 영업부라면 자신의 거래처를 물려주세요. 이제 그 후배는 배운 것을 활용해서 자신만의 방식으로 일을 진행하게 됩니다. 이렇게 하여 선배의 영향에서 벗어나 자신만의 일을 해낼 수 있답니다. 그러는 동안 선배와 상사는 신입을 그냥 내버려두지 말고 난처한 일이 생기면 도와주세요.

# 잘하는 일을
# 하자

젊은 사원을 훈련할 때는 잘하는 일은 발전시키고 못하는 일은 넘어가면 좋아요. 나는 매일 아침 〈아사히신문〉의 칼럼 천성인어를 읽는데요. 그 칼럼에서 장기 기사, 하부 요시하루 9단이 하는 말이 꽤 인상적으로 다가왔어요. 못하는 일을 억지로 잘하려고 애쓰지 말고 잘하는 일을 잘하는 것이 성공으로 가는 지름길이라는 말이었어요.

하부 씨는 1993년 당시 22세 9개월이라는 최연소 기록으로 용왕전, 왕자전, 기왕전, 기성전에서 4관왕을 달성한 천재 기사예요. 그런 사람도 못하는 일이 있었고 잘하는 일을 발전시켜서 장기 기사로 성장했다는 점이 꽤 인상적이었어요.

맞아요. 못하는 일을 잘하려면 꽤 많은 시간과 노력을 들여야 할 거예요. 그렇게 고생해도 만족스러운 성과를 얻기란 힘들겠죠. 그러니까 우리는 내가 잘하는 일을 발전시켜 좋은 성과를 내봅시다.

앞에서 말했던 거 같은데 짧은 시를 짓는 덕분에 〈프레바토〉를 빼먹지 않고 시청하거든요. 근데 그 프로그램에는 또 재미있는 코너가 많아요. 거기서 수채화나 꽃꽂이를 엄청나게 잘하는 사람들이 나온 적이 있어요. 정말 깜짝 놀랄 정도로 잘했어요. 또 등잔 밑이 어둡다고 자신이 잘하는 일을 의외로 잘 모를 때가 많더라고요. 〈프레바토〉에 나가서 자기도 몰랐던 재능을 발견한 연예인도 꽤 많았어요. 그러니까 내가 하고 싶은 말은 누구에게나 저마다 재능이 있으며 잘하는 일이 있다는 거예요. 그런 의미에서 부하 직원이 잘하는 일을 상사가 잘 관찰해서 찾아주면 참 좋겠죠.

젊을 때부터 여러 가지 일에 도전하면 본인도 모르는

잘하는 분야를 찾을 수 있을지도 몰라요. 또 그걸 좋아하는 일로 발전해 볼 수도 있고요. 그럼 일도 잘되고 돈도 벌고 두루두루 행복해지겠죠.

# 도움은
# 서로 주고받기

일은 상사를 위해서가 아니라 회사를 위해서 하는 거잖아요. 그런데 주객이 전도되어 상사를 위해 일한다고 생각하는 친구들도 있더라고요. 회사의 성장에 공헌하는 동시에 내가 성장해서 자아실현을 하자는 마음으로 일을 대했으면 좋겠어요. 그러니까 상사 눈치를 살피며 잘 보이려고 일하는 것은 피해야겠죠. 물론 현실은 그렇지 못하다는 거 알아요. 가까이에서 일하는 상사의 반응을 무시할 수는 없죠. 다만 개인적으로 받아들이지 말고 일로 대하면 마음이 조금은 편해질 거예요.

오늘도 일이 즐거운
92세 총무과장

어떤 상사가 있는데 늘 명령만 하고 아무것도 하지 않으면 어떤 생각이 드나요? 마냥 피하고 싶을 수도 있고 너무 스트레스를 받아 회사에 출근하기 싫어질 수도 있을 거예요. 그럴 때에는 마음을 가다듬고 내가 저 사람을 위한 일 딱 한 가지만 해보자라고 마음먹어 보세요. 내가 하나를 주면 그도 하나를 줄 거예요. 아부를 하자는 게 아니에요. 업무적으로 지원을 해주자는 거죠. 그 상사도 지쳤을 수 있어요. 일을 어떻게 처리해야 할지 몰라서 고민 중일지도 몰라요. 상사에게 도움받을 생각만 하는 것이 아니라 반대로 상사를 지원하는 존재가 되는 건 어떨까요.

그런데 잠깐만요. 상사를 도우려면 상사가 어떤 사람인지 먼저 좀 알아야겠지요? 그러기 위해서는 상사의 성격과 일하는 방식 등을 관찰해 성향을 파악해 보세요. 내가 반드시 이해할 필요는 없어요. 있는 그대로 바라보세요. 일을 통해 다음 세 가지를 관찰하면 상사와의 거리가 좁아질 수 있을 거예요.

- 일할 때 무엇을 중시하는가?
- 어떤 팀을 만들려고 하는가?

• 어떤 인생철학을 갖고 있는가?

상사의 행동이나 사고방식이 내게 롤 모델이 되면 금상첨화겠죠. 본받기 힘든 상사도 분명히 존재하는 걸 알아요. 하지만 지금은 긍정적으로 생각해 보자고요. 일 처리가 미숙한 상사가 있다면 오히려 기회라고 생각해 보는 거예요. 그 상사가 겪는 시행착오에서도 보고 배우는 게 많을 테니까요. 그렇게 주변 사람들에게 배우면 나는 어떻게 일해야겠다는 기준이 생기기도 한답니다. 가까이 있는 상사와 거리를 좁혀보세요. 분명히 배울 점이 있을 거예요. 장담해요!

지금까지 한 회사에서 66년에 걸친 회사원 인생을 돌이켜보니 나는 상사 복이 많았던 것 같아요. 그중에서도 지금 회장님이 가장 그래요. 우리 회장님은 메모광이라서 어떤 사소한 일이라도 메모하는 습관이 있어요. 그래서 부하 직원이 문서로 업무 보고하는 걸 선호하죠. 말로 전하려고 하면 "아, 지금은 바쁘니까 나중에 하세요."라고 말하곤 했답니다.

그래서 회장님과 대화하려면 할 말을 목록별로 적어서 전달하거나 문서로 정리해서 보고합니다. 상황에 따라 회신을 받을지, 언제까지 답을 주어야 하는지를 덧붙여서 건넵니다. 그렇게 하면 확실히 기일까지 답을 줍니다. 그런 일이 오랫동안 거듭되니 지금 회장님은 나를 신뢰하게 된 것 같습니다.

나는 쭉 총무부 소속이기 때문에 표면에 드러나는 일은 별로 없었어요. 그런데 지금 회장님의 신뢰를 얻은 뒤부터는 거래처에서 받은 편지에 대한 답장의 초안을 돕기도 합니다.

## 나이 어린 상사를
## 배려한다

나는 최고령 사원이기 때문에 내 상사는 죄다 나보다 나이
가 어립니다. 직속 상사인 총무부장이 신입 사원으로 입사
했을 때 내가 예순다섯 살이었으니 말 다했죠. 나는 나이
어린 상사와 25년 넘게 일해와서 그런 상황에는 익숙합니
다. 내 사례는 특수할 수도 있는데 연공서열이 무너진 지
금은 상사가 연하인 경우가 드물지 않잖아요. 일본에서는
몇 년 전 시행된 '고연령자 고용안정법' 개정 덕분에 70세
까지 취업 기회가 열리게 되었는데요. 많은 사람들이 정년
후에 재고용되면 상사는 거의 연하가 될 거예요.

그렇더라도 아직 나이순으로 선후배 사이가 되는 사회가 대부분이긴 한 거 같아요. 학교도 그렇고 특히 학교 운동부 활동도 그렇죠.

내 생각에는 스포츠든 비즈니스든 어디까지나 실력이 우선시되어야 할 거 같아요. 물론 해당 분야에서 오래 일했다는 경험, 즉 연륜도 무시하기는 어렵다고 생각하지만요. 그래도 요즘에는 새로운 시대에 발맞추는 측면에서 젊은 세대가 훌륭한 부분도 있잖아요. 나에게 없는 능력을 나보다 나이가 어린 상사가 가지고 있다면 존경심이 생기더라고요. 더구나 회사가 그 능력을 기대해서 높은 자리에 앉힌 거니까 나도 뭐라도 하나 더 배워보고 싶은 마음이 커지죠.

나이 어린 상사가 커뮤니케이션으로 망설인다고 느껴지면 필요한 부분이 있는지 물어보세요. 연륜이라는 게 있잖아요. 회사에 더 오래 다녔으니까 도움되는 부분이 반드시 있을 거예요. 그럴 일은 없겠지만 노파심에 하나만 더 얘기할게요. 나이 어린 상사에게 혹시 반말을 하고 있는 건 아니겠죠? 연하 상사에게 존대를 하는 게 두루두루 좋다는 거 말해주고 싶어요.

만약에 내가 나이 어린 상사라면요. 연상의 부하 직원과 어떤 식으로 소통하면 좋은지 고민할 수도 있을 것 같아요. 그래서 이런 말 저런 말을 했는데요. 누가 되었든 먼저 손 내밀어 회사를 함께 이끌어가면 참 좋겠죠?

# 어깨동무하고
# 가는 거야

우리 회사는 2021년 기준 사원 수 455명 중에 남성 260명, 여성 195명으로 여성 사원의 비율이 42.8퍼센트를 차지해요. 일하는 여성의 비율은 조금씩 늘어났지만 여성 중에는 비정규직으로 일하는 사람도 많습니다.

앞으로 저출산 고령화와 인구 감소가 진행되면 노동력 인구가 계속 줄어들 것으로 예측하고 있죠. 그렇게 되면 여성들이 일하기 쉬운 환경을 마련하는 기업이 성장할 수 있을 거예요.

일본에서는 노동력 인구 총수에서 2019년 기준으로 여성이 차지하는 비율이 44.4퍼센트라고 해요. 노동력 인구가 감소하는 가운데 인구의 약 절반을 차지하는 힘을 존중하는 사회가 되면 좋겠어요.

하지만 아직도 여성에 대한 성희롱과 임신 · 출산에 따른 부당 대우가 여전히 눈에 보이게 또는 보이지 않게 존재하고 있죠. 불행 중 다행으로 우리 회사에서는 그런 괴롭힘이 전혀 없습니다. 고마운 일이죠. 더구나 나처럼 아흔이 넘어도 근무할 수 있다는 사실은 여성을 존중하는 기업이라는 최고의 증거가 아닐까요.

우리 회사의 여성 사원은 결혼하고 출산해도 직장에 복귀해 열심히 일하는 편입니다. 사실 이건 여성에 한정된 이야기가 아니에요. 간병으로 휴직하는 사람에게도 현장에 복귀하기 쉬운 환경이 마련되어 있어요. 정말 좋은 회사예요. 일하는 사람도 결혼, 출산, 육아, 간병 등 인생에 굵직한 과정 앞에서 망설임 없이 일할 수 있는 환경은 정말 중요해요.

나도 곧 그렇게 되겠지만 앞으로는 백 세 시대라죠. 오래 일하는 만큼 모든 회사원이 일과 업무를 통한 자아실현을 우리 인생과 조화롭게 잘 이루어가길 바랍니다.

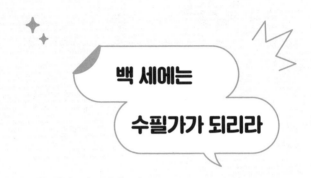

백 세에는

수필가가 되리라

　내 나이가 아흔둘이라고 하면 사람들은 궁금할 거예요. '도대체 몇 살까지 일하려는 걸까?'라고 말이죠. 지금은 백 세까지 현역으로 일하는 것을 목표로 삼고 있어요. 고맙게도 회사에서도 백 세까지 현역으로 열심히 일해달라고 했지요. 회사에서 필요로 한다니 일하는 보람도 있고 고맙습니다. 아직도 하고 싶은 일이 무궁무진합니다. 원래 뭐든지 긍정적으로 받아들이는 사고방식을 갖췄기에 백 세까지 일하는 건 어렵다고 생각하지 않아요.

　아흔 살에 기네스 세계기록을 인정받은 것이 엊그제 같

은데 정신을 차려보니 백 세까지 앞으로 8년밖에 남지 않았네요. 앞으로 8년 정도는 일할 수 있을 거라 낙관하고 있지요. 좋아하는 올림픽도 더 보고 싶고요.

'오늘 열심히 하면 내일도 잘할 수 있다'는 내 철학에 따라, 남은 시간도 하루하루 정성을 다해 살아가려고 합니다. 지금껏 그랬듯 1년을 목표로 하고 또 다가올 1년에 최선을 다하는 거지요. 그래서 가장 가까운 목표를 매년 기네스 세계 기록 경신으로 잡았습니다. 그 길을 따라가다 보면 백 세까지 현역으로 일하겠다는 최종 목표에 다가가리라 믿고 있어요.

회사에서는 아침에 천천히 왔다가 빨리 퇴근하라고 말해요. 나를 배려해서 근무 시간을 줄여준다는 거죠. 부서 동료들도 도와줘서 업무량이 많이 줄었고요. 그래도 아직은 근무가 시작되는 시간부터 끝나는 시간까지 풀타임으로 일하는 데에 별 무리가 없습니다.

휴일에는 여동생과 함께 장을 보러 나가는 것을 기대하고 있지만, 토요일에는 총무부원이 아무도 없어서 곤란할 것 같으면 자진해서 회사에 나가고 있어요. 여동생은 고개를 절래절래 흔들며 "언니는 정말로 회사를 좋아하는구나."라며 반쯤 질려하지요.

백 세에 퇴직하고 나면 하고 싶은 일이 있어요. 수필을
써 보는 거예요. 나는 어렸을 때 나름 문학소녀였어요. 어
머니가 읽던 잡지를 읽으며 그 글을 흉내 내서 작문 숙제
로 제출한 적도 있어요. 한데 혼이 났어요. 아이가 쓰지 않
는 어른스러운 말을 사용한 탓에 선생님은 베끼면 안 된다
며 혼쭐을 낸 거죠.

부모님도 문학을 좋아했기 때문에 집에는 문학 전집이
갖추어져 있었고 훌륭한 작품들이 많아서 즐겨 읽었습니
다. 지금도 전집을 매우 좋아해서 집에는 가이코 다케시
전집이나 시바 료타로 전집이 책장에 꽂혀 있어요. 훌륭한
작품은 시대에 뒤떨어지지 않기에 시간이 지난 지금 봐도
감동은 여전합니다.

내가 그런 걸작을 쓸 수 있으리라고는 생각하지 않아
요. 그래도 일을 그만두고 자유 시간이 늘어나면 수필은
한번 꼭 써 보고 싶어요. 아버지가 일찍 돌아가시는 바람
에 한 집안의 기둥이 되느라 못 이룬 꿈을 꼭 이루어 보고
싶어요.

소녀 시절에 학교 선생님께서 하신 말씀이 머릿속에서 떠나지 않아요. "야스코는 머릿속에서 문장을 잘 조합하지만, 눈앞의 현실을 사실적으로 묘사하는 것은 서투르구나." 그래서 수필을 쓸 때, 나는 다양한 곳에 가서 아직 본 적이 없는 경치를 보고 체험하지 못한 일을 많이 겪고 싶어요. 그곳에서 보고 느낀 것을 있는 그대로 나답게 글로 써 보고 싶어요.

줄곧 회사를 다녔기 때문에 행동 범위가 의외로 좁아서 시야가 좁은 점이 결점이라 생각합니다. 아주 오래전 선생님의 조언을 생각하며 있는 그대로의 현실을 글로 쓰는 공부를 하고 싶어요.

백 세에 수필가로 데뷔하면 그때도 부디 책을 읽어주길 바랍니다. 끝까지 읽어주셔서 감사합니다.

2023년 7월
다마키 야스코

**옮긴이 박재영**

서경대학교 일어학과를 졸업했다. 어릴 때부터 출판, 번역 분야에 종사한 외할아버지 덕분에 자연스럽게 책을 접하며 동양권 언어에 관심을 가졌다. 번역을 통해 새로운 지식을 알아가는 것에 재미를 느껴 번역가의 길로 들어서게 되었다. 분야를 가리지 않는 강한 호기심으로 다양한 장르의 책을 번역, 소개하기 위해 힘쓰고 있다. 현재 번역 에이전시 엔터스코리아 출판기획 및 일본어 전문 번역가로 활동하고 있다.

역서로는 『세계 심리학 필독서 30』, 『소년들은 불꽃놀이를 옆에서 보고 싶었다』, 『불꽃놀이 밑에서 볼까? 옆에서 볼까?』, 『립반윙클의 신부』, 『성공한 사람들은 왜 격무에도 스트레스가 없을까』, 『순식간에 호감도를 높이는 대화기술』, 『덴마크 사람은 왜 첫 월급으로 의자를 살까』, 『강아지 영양학 사전』, 『남자아이도 여자아이도 입을 수 있는 내추럴 프렌치 시크룩』, 『유럽 흰실 자수 스티치』, 『겉뜨기로만 뜨는 목도리와 모자』, 『꽃 모티브 & 에징손뜨개 60』, 『하루 만에 완성하는 친절한 가죽 소품 교실』, 『매듭 교과서』 등이 있다.

## 오늘도 일이 즐거운 92세 총무과장

**초판 1쇄 발행** 2023년 7월 24일

**지은이** 다마키 야스코
**옮긴이** 박재영
**펴낸이** 정덕식, 김재현
**펴낸곳** (주)센시오

**출판등록** 2009년 10월 14일 제300-2009-126호
**주소** 서울특별시 마포구 성암로 189, 1711호
**전화** 02-734-0981
**팩스** 02-333-0081
**전자우편** sensio@sensiobook.com

**ISBN** 979-11-6657-114-5 03190

**소중한 원고를 기다립니다. sensio@sensiobook.com**